后发企业市场导向

HOUFA QIYE SHICHANG DAOXIANG

何　婧◎编著

电子科技大学出版社
University of Electronic Science and Technology of China Press
·成都·

图书在版编目（CIP）数据

后发企业市场导向 / 何婧编著. —成都：电子科技大学出版社，2022.3

ISBN 978-7-5647-0650-0

Ⅰ. ①后… Ⅱ. ①何… Ⅲ. ①企业管理－研究 Ⅳ. ①F272

中国版本图书馆 CIP 数据核字（2022）第 041460 号

后发企业市场导向

何　婧　编著

策划编辑　曾　艺

责任编辑　曾　艺　杨梦婷

出版发行　电子科技大学出版社

成都市一环路东一段 159 号电子信息产业大厦九楼　　邮编　610051

主　　页　www.uestcp.com.cn

服务电话　028-83203399

邮购电话　028-83201495

印　　刷　成都金龙印务有限责任公司

成品尺寸　170mm×240mm

印　　张　9

字　　数　200 千字

版　　次　2022 年 3 月第 1 版

印　　次　2022 年 3 月第 1 次印刷

书　　号　ISBN 978-7-5647-0650-0

定　　价　38.00 元

目　录

1 绪　论

我国的部分企业相对于发达国家的领先企业而言处于后发地位，在技术、资源、市场上都缺乏优势，在行业中暂时还处于追随者地位。当下，我国的一些企业被外界指出没有自主研发的技术，但依然有很多企业不论是在国内市场还是国际市场上都有优异的表现。我们以深圳市腾讯计算机系统有限公司（以下简称“腾讯”）为例，腾讯的一些产品推向市场后被一些人诟病是模仿其他互联网公司的产品，但实际上这些产品的市场表现很优异。

下面我们以微信（WeChat）为例来说明后发企业的市场战略。目前，微信（WeChat）的用户遍布全球 200 多个国家和地区，是当前最受瞩目的即时通信产品之一。截至 2021 年 3 月底，微信（WeChat）的合并月活账户数为 12.025 亿，同比增长 8.2%；而 QQ 智能终端月活跃账户数为 6.935 亿，同比减少 1%，环比增加 7.2%。在我国，不仅年轻人将微信（WeChat）作为重要的社交平台，一些高端用户也青睐于它。特别值得一提的是，微信（WeChat）在国外的表现也可圈可点。

2013 年之前，即时通信产品的国际市场一直被 WhatsApp 主导。2013 年初，WhatsApp 就曾公布月活跃用户达到了 2.5 亿，甚至超过了 Facebook（脸书）的用户数，位居全球第一的位置。在腾讯推出产品前，分析市场发现 WhatsApp 的功能设置上没有语音对讲，因此，微信（WeChat）抓住这一契机于 2011 年 5 月份在微信（WeChat）2.0 版本中加入了语音对讲功能。随后，东南亚各国的微信（WeChat）下载量明显增多。微信（WeChat）除了满足即时通信的功能外，还构建了完整的社群平台。除了“朋友圈”让使用者建立自己的社交圈外，还通过随机的交友机制，如“摇一摇”“附近的人”“漂流瓶”等让使用者创建自己的社交网络，从而产生“群聚效应”。在商业模式上，微信（WeChat）也发展了商业价值。以往在 Facebook 和 twitter（推特）上做社会化营销的知名商户，现在已经开始利用微信（WeChat）来做推广，如泰国 Chang Beer（泰象啤酒）的微信（WeChat）粉丝达到了数十万。

数据表明，微信（WeChat）不管在中国还是在东南亚甚至一些欧美国家都是成功的产品。它之所以成功就在于抓住了市场。微信（WeChat）不但能整合自己产品的属性，还能快速地将竞争产品的优点吸收，并且在此基础上进行改良，让使用者体验到更便捷的产品。比如，微信（WeChat）3.0 版本的“漂流瓶”就是整合了 QQ 邮箱里的相关功能，而“摇一摇”一定程度上借鉴了 Bump（一款应用程序），但是其体验过程不仅仅局限在用户通过互相碰撞来交换信息，而是扩展到同时摇手机就能连线对方，并且产生联系的两个人在空间上可能离得很远，所以“摇一摇”的用户体验就比 Bump 提高了很多，并一定程度上增强了微信（WeChat）的社交属性。微信（WeChat）4.0 版本借鉴了 Path（社交软件），但是增加了将相册共享到朋友圈中，可以让用户在同一个朋友圈中交流照片和评论，进一步增加了用户黏度。同时，为了配合国际化的发展，微信（WeChat）的官方英文名确定为 WeChat。随后，微信（WeChat）又通过版本升级来不断丰富功能以满足顾客需求，如 4.2 版本的视频聊天功能、4.3 版本的摇一摇传图功能、4.5 版本的多人实时对讲功能，以及导航功能。腾讯深知技术上的成功并不完全等价于市场上的成功，因此微信（WeChat）每一个版本的开发都是基于精准把握用户需求，并进行需求细分，在原有基础上进行应用性创新。产品开发之前，对顾客需求认真细分和拓展，通过不断地开发顾客需求来抓住市场，同时，利用市场的反应又进一步反哺技术上的劣势。

尽管后发企业对技术和市场存在双向依赖，但是仍然有许多后发企业提供的产品或者服务在市场上受到了非常好的反响，并且在一定程度上产生了引导顾客需求的效应。当前的市场环境是瞬息万变的，一个企业如果只是一味地满足顾客的显性需求，就很难具有持续竞争力。顾客的显性需求会很快被竞争对手理解并以最快的速度来响应顾客需求的变化，那么很快就会形成一种局面：由于提供的是同质化的产品，企业间只有利用价格优势来吸引目标顾客，当顾客意识到企业间提供的是同质的产品的时候，那么企业间残酷的价格竞争就在所难免。为了避免价格竞争的出现，企业就必须去探寻顾客需求背后的深层需求，可能这种需求连顾客自身都没有意识到。这就要求企业对产品的理解比顾客看得更远、更高，要超越顾客的显性需求，从而引领顾客需求。

微信（WeChat）的成功让我们看到，后发企业虽然面临外部资源的“双向依赖”结构，但是后发企业可以利用与顾客的紧密关系，将顾客对企业的压力变成一种动力，通过与顾客的互动不断挖掘顾客的需求，从而超越顾客的显性需求，并达到引领顾客需求的目的。这种现象用市场导向的理论可以进行很好的解释和研究。Slater 和 Narver 认为市场导向理论是过去四十多年里研究市场战略的核心理论。Slater 和 Narver 从企业内部出发来研究影响企业绩效的因素，通过调动企业内部能力和外部资源来满足顾客需求，目的就是为了增加企业的利润，从而使企业保持持续竞争优势。该理论从 20 世纪 80 年代被正式提出至今一直都是学术界的研究热点。市场导向同样为后发企业的管理者提供了科学的经营理念，让后发企业的管理者从顾客需求角度来思考企业的能力构建。我国目前处于市场经济转型期，企业在这个过程中既有百年难遇的发展机遇，更要迎接市场间激烈的竞争挑战。市场导向在西方国家已经被很多企业成功地应用，并转化为企业竞争优势的源泉。同样，在新兴市场中也有不少企业成功实践了该管理哲学。但是仍然有不少的管理者对什么是市场导向，市场导向如何在企业的经营管理中发挥作用，又如何指导企业获得成功并不是非常清楚。

目前，以营销战略为基石的市场导向作为研究内容的大都是基于西方经济背景下的，关注的也基本是西方企业，而对于新兴经济体下的后发企业的研究相对不足。虽然我国学者已经开始了市场导向的研究，但是大多数只是在理论层面，而实证方面的相关研究相对不足。因此，本书以新兴经济体的后发企业为研究对象，并从市场导向角度去研究后发企业能力构建具有的现实意义和理论价值。

2 文献综述

2.1 后发企业

2.1.1 后发企业的由来

后发企业由后发优势理论发展而来。Veblen在分析德国和英国经济发展史后，通过对比发现借用现金技术可以帮助后进国家经济迅速地成长起来。1962年，Gerchenkron《经济落后的历史回顾》一书中将后进国家的企业称为“后发企业”。随后Nelson验证了Gerchenkron提出的后发优势假说，并用增函数表达后进国家技术水平与技术差距间的关系。同时，美国学者Levy具体化了后发优势假说，并提出了五种后发优势和三种后发劣势。

前期的学者主要以发达国家为研究对象，探讨了不同的发展进程中相对后进国家的后发优势。西方学者从发达国家立场出发研究后发优势，对于发展中国家的国情并不适用。而后期，随着日本、韩国等亚洲国家在高科技和知识密集型产业中获取竞争优势后，日本、韩国等学者以自身国家的企业作为研究对象，贴合本国实际情况研究了后发优势在新兴国家中的作用。

1989年，日本学者南亮进讨论了后发优势在日本快速发展的经济中的作用，他认为日本在20世纪50、60年代能快速发展最大原因就是后发优势的作用，并分析了日本的后发优势消亡的过程，并提出后进国家要想开发后发优势需要具备相应的吸收能力，吸收能力具体体现在企业的人力资源、现代化的组织结构、发达的信息和装备产业。但是，由于日本仅仅是一味地引进技术、模仿技术，而没有进行自主创新，因此与先发国家仍然具有一定的差距。韩国学者Kim对韩国后发企业进行了实证研究得出，可以通过技术引进、吸收和创新来提高企业技术能力。

国内学者也从国家层面对后发优势进行了研究。吴晓波的“二次创新”理论具有很强的代表性，该理论认为在众多的发展中国家中，大多数企业通过引进技术，使本企业的现有技术差距暂时缩小，但是企业的技术仅仅停留在引进阶段。而消费者特别是西方主流市场上的技术更新换代很快，很快企业又陷入技术落后的局面，技术上的差距被再次拉大。迫于市场的压力，企业不得不走上再次引进的道路。从理论上来说，发展中国家要想赶超发达国家的企业，就必须在引进技术的基础上结合本国实际情况进行技术创新，进而形成和发展具有本国特色的自主技术能力。在原有引进技术的基本功能理解基础上，尽可能地扩大引进技术的应用范围和新功能的开发。康荣平、柯银斌指出在不同的发展阶段，后发企业应采取不同的战略选择，对相对后发的企业而言，采取率先模仿战略，找到世界上“最好的葫芦”，然后在本地市场进行复制；对绝对后发企业来说，应采取利基战略，选择在狭小的细分市场进行竞争。

发展经济学中一般研究对象是后进国家，以上的研究大多遵循这样的传统，都以国家为研究对象。而作为国民经济的微观层面——企业，Gerchenkron 就将后进国家的企业称为“后发企业”。后进国家有后发优势，那么后发企业是否具有相同的优势？后发企业又该如何发挥后发优势？

2.1.2 后发企业的概念

后发企业最开始的解释关注其外部性，如低成本优势、政策倾斜等；后发企业后期的解释关注于企业怎样获取所需的技术和知识，并将所需的技术和知识转化成企业能力。后面的学者开始从技术层面和市场层面关注企业本身的一些特质。

Hobday 将后发企业定义为面临技术劣势或者市场劣势的发展中国家的本土企业。技术劣势是指发展中国家后发企业与国际技术源头、创新中心相隔离，在技术上远远落后于跨国技术领先企业。这种技术劣势在国际市场上，极大地阻碍了后发企业的成功。市场劣势是指发展中国家后发企业不管是从地缘上，还是从消费习惯上，都与主流消费者远远隔离，很难把握主流国际市场上消费者的产品需求动态，因此大多数后发企业仅仅能接触到一定规模的当地市场和简单用户。因此，后发企业要想进入国际市场就需要克服市场壁垒，培育发展国际主流市场的客户群。

Mathews 和 Cho 认为后发企业是一个追随者，通过不断的模仿而非创新，以及资源杠杆效应来追赶在位企业，并通过快速地学习，加速能力提升，并最终追赶成功。Mathews 和 Cho 认为后发企业一般有以下特质：第一，后发企业属于产业后进入者，较晚进入市场；第二，与在位企业相比后发企业在资源配置方面比较欠缺，基础较差；第三，后发企业战略意图就是追赶在位企业，并最终赶超在位企业；第四，企业本身具有一些资源杠杆，如低成本制造、市场渠道优势等。值得注意的是，Mathews 和 Cho 对后发企业的界定认为只有成功追赶在位企业的企业才叫后发企业，这在一定程度上限定了后发企业的对象。

国内的学者也对后发企业进行了再定义。周莉珠认为后发企业相对于领先企业，只要不属于领先企业都可以统称为“后发企业”，后发企业与后发国家并不是同生体，不是所有的后发企业都存在于后发国家，先发国家同样存在后发企业。江积海将后发企业界定在特殊的行业内，认为发展中国家和地区的制造型企业才属于后发企业的范畴。

2.1.3 后发企业的相关研究

从后发企业的定义可以看出后发企业对在位企业的追赶是后发企业与生俱来的战略意图，因此后发企业的研究就是以追赶或者赶超在位企业为基点展开的。众多学者关注后发企业赶超在位企业的具体内容，主要从技术能力、创新能力、市场能力等方面展开研究。

Lall 将技术能力做了矩阵分析框架，分为技术能力类型和技术能力复杂程度两个维度，其中，技术能力类型又被分为生产能力、联络能力、投资能力。技术能力复杂程度分为低（基于经验的）、中（基于搜索的）、高（基于研究的）。之后众多的研究者都采用了他的这一分类。Hobday 认为创新就是新颖的产品、流程和服务，因而，后发企业的创新能力就主要体现为后发企业提供产品、流程及服务的新颖性程度。对已有技术的要素进行改进和提升被称为“开放性学习”，而沿着与之前完全不同的技术轨道的创新活动即为探索性创新。成功开发技术是一个知识积累的过程，那么，在这个过程中到底是采用探索性学习还是开放性学习。这一讨论，使得对于技术能力构建过程的二元性的研究也成为了一大研究方向。

与技术能力相关的研究包括知识的吸收能力、二次创新等。Cohen 和 Levinthal 把企业吸收能力定义为认识到新的、外部知识的价值，消化它们，并把它们应用到商业的终端的能力。他们认为现有知识存量影响自身对先发企业的知识吸收。浙江大学的吴晓波等按照技术的先进性对技术引进划分不同等级，其中，对成熟技术的引进称为第Ⅰ类技术引进，对新兴技术的引进称为第Ⅱ类技术引进，并认为技术引进也受到企业自身技术范式的影响，会按照自身的技术轨迹来引进并发展，并在已有技术能力基础上进行创新。

1997 年，哈佛商学院的 Christensen 提出后发企业可以通过破坏性创新打破主流市场的竞争法则，并且可以破坏在位企业的在位优势，使得后发企业赶超在位企业。该理论被称为破坏性创新理论，后期有很多学者开始研究和关注这一理论。Thomond 等人认为破坏性创新可以使企业改变现有市场上的需求现状，改变原有的竞争规则，建立起一套全新的竞争规则和秩序。Christensen 等人认为破坏性创新的主要方式是破坏性的技术创新、商业模式创新和产品创新，这些也是后发企业构建竞争优势的主要方式，是后发企业实现跨越性发展的一个重要理论，并认为现有主流市场产品性能的提高及创新是维持性创新，破坏性创新不仅包括对现有主流市场产生颠覆性的重大创新，还包括专注于以低廉的价格、优质产品和令顾客满意的服务满足一些要求不高的客户需求的创新。

后发企业的市场能力研究从最开始关注出口份额转变为后期关注国内市场份额。20 世纪 70 年代，由于大多数实现追赶成功的后发企业多集中在新兴的工业化国家和地区，而这些后发企业的一个共同点就是以出口导向作为企业战略。因此，在很长一段时期，研究后发企业的市场能力就特定指研究其出口份额，即研究后发企业在国外市场的能力。后发企业通过低廉的劳动力来降低成本并通过从外部引进技术提高出口份额和竞争力，而在这个过程中企业的技术能力并没有提升，由于技术能力没有得到提升，那么后续就无法进一步扩大出口份额。后发企业会发现企业陷入了一种困境：企业引进技术提高了市场份额，而企业在扩大份额的驱动下对外部技术产生强烈依赖的时候，从外部引进技术的成本也会变得越来越高，当企业意识到技术引进已经变成一种企业负担的时候，企业就不得不将提升技术能力作为企业的重点。随着新兴经济体的迅猛发展，在新兴经济体内部后发企业的国内市场占据了很大比重的时候，国内市场就成为后发企业的重要竞争地，因此，现在市场能力的研究开始转向国内市场的市场能力。特别对于中国来说，由于本国存在巨大的市场，我国后发企业的市场竞争力主要聚焦在国内市场的份额提升。Mu 和 Lee 通过考察中国电信国内市场份额对巨龙集团技术有限责任公司、中国大唐集团有限公司、中兴通讯股份有限公司和华为技术有限公司等后发企业的市场能力追赶状况进行的实证研究就验证了这一点。

2.2 市场导向

2.2.1 市场导向的研究背景

市场导向的理论基础是营销观念。Drucker 在 1945 年出版的著作《管理的实践》中真正将营销观念上升到企业战略层面。在该书中，以美国通用电气公司为案例，重点阐述了市场营销的重要性。他明确地指出“创造顾客是企业唯一准确的命题”，并提出“创造顾客是所有企业的目的所在，而企业所有的活动都紧紧围绕两个活动展开，它们就是：营销和创新”。

营销观念产生于20世纪50、60年代，该阶段属于提出阶段。由于美国经济的成熟，生产力水平得到了很大发展，市场出现了供大于求的现象。再加之消费者拥有了更强的购买能力，在产品间进行广泛的选择和比较，从而使得企业间的竞争加剧。由于经济从生产型经济转为消费型经济，因而企业面对的市场也随之发生了翻天覆地的变化，从卖方市场转为买方市场。企业的角色发生了很大变化，不仅仅像原来那样单纯生产产品，更重要的是将产品转化为需求卖出去。那么企业必须满足顾客的各种需求，因此，企业主要的职能从原来的关注生产转向以营销为主。营销被提到极高的高度，在这样的背景下"营销观念"应运而生。

Mckitterick 和 Keith 最先提出营销观念，认为营销观念实质上为一种组织文化，在这种组织文化中企业将顾客放在了企业所有经营活动的中心位置。营销观念由三个方面组成，首先，强调顾客导向，企业要寻找顾客的需求；其次，在理解顾客需求的基础上满足它并最终实现企业的目标；最后，满足顾客需求是通过企业所有部门的通力合作完成的。

营销观念随着时代的变化其关注点也发生了变化。在20世纪50～70年代，营销观念的关注点主要通过满足顾客需求来获得比竞争对手更好的企业绩效上，这主要是由于企业间激烈的竞争，使得企业目光主要集中在顾客和利润。比较有代表性的有King，他认为营销观念是为了增加企业利润，是企业调动一切能力来解决顾客需求的企业管理哲学。McNamara 也认同将营销观念理解成企业以顾客和利润为导向下的一种管理哲学，营销是企业所有经营活动与市场间的连接活动。

到了20世纪80年代，随着竞争压力的不断增加，企业面对的不仅仅有顾客，还包括供应商、现有竞争对手以及潜在的竞争对手。企业开始出现将市场竞争作为一个重要因素考虑进营销观念中，营销观念认为组织的目的就是尽可能地比竞争对手更早发现目标市场的需求，并比竞争对手更有效地满足顾客需求。Kotler 的营销观念也认为组织目标就是比竞争对手更有效的将目标市场上需要的产品传递给顾客，以此来满足顾客的需求。

营销理念作为一种经营思想，提倡企业一切以经营为出发点，所有的计划与经营都以顾客为中心。虽然营销观念得到了很多学者和企业家的重视，但是它更多地体现为一种管理哲学，并没有对日常的具体实践活动进行分析，很难实际操作。仅仅将满足顾客需求和为企业营利作为目标，而没阐述完成这些目标所要做的具体步骤。而作为一种企业哲学的营销观念本身来说是无法度量的，再加之营销观念本身的理想化和政策化等因素，使得企业在操作层面上也无法将之贯彻实施。在这样的背景下，开始出现将营销观念具体化和数量化的呼声。Kohli 和 Jaworski 在对营销管理的三个构建进行量化和细化的基础上，提出了可以量化的市场导向，以此来代替营销观念。于是，市场导向就代表了营销观念的实施。因此，就将市场导向的企业定义为遵循营销观念的企业。

市场导向是在营销观念基础上发展而来的，而一直到 20 世纪 80 年代，市场导向的概念与营销观念是界定不清的，当时仅仅将市场导向等同于对市场信息的收集和利用。Kohli 和 Jaworski，以及 Narver 和 Slater 认为市场导向表达了一种思想，那就是企业的营销应该是所有部门参与的，而不仅仅是营销部门单独的行为。市场导向是企业实施营销观念的一系列举措，而获得保持竞争优势的资源就是市场导向的内涵所在。因此，市场导向作为可以具体化和数量化的营销观念的替代，本身就使得市场导向更具有执行含义。营销观念导向下企业对营销功能非常重视，这样就会使得企业中营销部门的权力过大，从而导致与其他部门间的冲突不断，而市场导向不仅仅强调对市场的关注，同时还包括与市场中面对的其他利益相关者之间的利益博弈。虽然他们共同认为市场导向是对营销观念的替代，但是又从自身研究出发提出了不同的市场导向理解。Kohli 和 Jaworski 认为市场导向就是企业获取现有顾客和潜在顾客的信息，以及获取来的信息在企业内部的流通和反应的过程；而 Narver 和 Slater 认为市场导向包含了顾客导向、竞争者导向和跨部门协调，每个环节都将为企业创造价值，因此企业内每个部门都将为顾客创造价值而不仅仅是营销部门，所以部门间必须协同工作才能产生更积极的作用。

到了 2000 年以后，更多的学者尝试着量化市场导向，以及通过实证研究市场导向的决定因素和企业绩效间的关系，但是大多量表都是基于 MTKOR 和 MARKOR 进行的实证研究。值得注意的是，市场导向的研究在地理范围内也得到了很大推广，研究对象不再局限于美国的企业，其他国家的学者也纷纷采纳和应用了该理论对除美国之外的企业进行研究。表 2-1 概括了这一过程中具有代表性的研究内容。

表 2-1 营销观念的发展

重要时期	代表人物	代表性研究内容
1951—1960 年	Dureker(1954)；Koler(1967)；Boreh(1957)；Keith(1960)；Felton(1959)；Mckitterick(1957)	营销观念在企业中的作用得到强化，并被认为是企业不可缺少的基本职能；营销观念被认为是显著不同的企业文化，这种企业文化强调将消费者置于所有活动的中心

（续表）

重要时期	代表人物	代表性研究内容
1961—1980 年	Barksdale 和 Darden(1971)；McMamara(1972)	营销观念由三要素构成：顾客是业务活动的中心、跨部门整合营销活动、重视利润
1981—1990 年	Kohli 和 Jaworski(1990)；Navrer 和 Slater(1990)	将营销观念的三要素具体化和数量化，并将之称为“市场导向”。研究领域包括：市场导向哲学基础、市场导向的测量开发；市场导向同绩效的关系
2000 年以后	Kotler(2000)；Kotler 和 Armstrong(1991)	企业成功的关键在于比竞争对手更为有效地了解并满足顾客的需求和欲望，并以长期的观点构筑与顾客的关系

2.2.2　市场导向内涵及演进

1．市场导向内涵

市场导向并没有一致公认的定义，不同学者从各自的研究角度给出了自己的定义。以 Shapiro 为代表的部分学者认为市场导向就是组织的决策过程，而决策过程的中心环节是信息共享。顾客信息不仅仅要在营销部门共享，同时还要在其他的部门共享，如研发、生产、计划、战略等部门。如果决策过程缺乏信息共享则会使企业的决策错失市场机会或者产生资源分配不合理的情况。市场导向就是针对顾客和竞争者信息的收集及分析做出的一系列有效反应的行为过程，市场导向是将营销观念付诸实践，为企业管理提供实际的指导，因此又被看成是一种产生知识的行为。企业通过在市场中获取顾客信息，然后利用顾客信息来达到满足顾客需求的一种战略。Deshpande 和 Farley 认为市场导向等同于顾客导向，顾客导向也同样强调顾客、部门间共享信息，以及各职能部门协作对营销活动的重要性。但是 Jaworsk 和 Kohli 却认为顾客导向与市场导向有很大的差异性，顾客导向仅仅关注顾客，企业所有活动都围绕顾客展开，而市场导向的目标不仅仅是顾客还包括其他市场中存在的利益相关者。同样作为市场导向哲学基础的营销观念中，有部分学者认为市场导向是企业以顾客为中心的一种组织文化。在这种观念的启发下，Narver 和 Slater 认为在这样的组织文化内，组织内所有部门都将以为顾客创造价值为己任，组织进而创造出卓越的顾客价值从而实现企业追求高利润的目的。

综上，在对市场导向内涵认识的这些观点中，影响最大而且被广泛接受的主要有两个：一个是市场导向的行为观；另一个是市场导向的文化观。

（1）市场导向行为观

Kohli 和 Jaworski 对美国 4 座城市的 62 名经理人进行深度访谈，提出了包含三个维度的市场导向综合模型，认为市场导向除了倾听顾客需求，还应该更深入地了解顾客需求并预测需求发展变化的趋势并以此分析环境变化对企业的冲击。市场导向的三个维度分别是：

①现有顾客需求，以及潜在顾客需求的市场情报；

②市场情报在组织间的传播；

③组织对于市场情报做出的反应和活动安排。

Kohli 和 Jaworski 认为，市场导向是企业在组织内部对顾客需求的市场情报获取、信息在组织间的传播，以及对此做出的反应，是对营销观念的执行所形成的一系列的活动、行为。他们认为顾客需求市场情报不仅包括顾客可以口头表达出来的需求，还包括未来的需求，同时还有竞争对手的行动对顾客需求的影响等更加宽泛的市场情报。而这些市场情报能够被收集就要求组织内部所有部门参与其中，通过正式或者非正式的途径获取情报。

Hunt 和 Morgan 在支持行为观基础上，研究的内容又有一定区别。他们认为市场导向不仅强调顾客导向也强调竞争者导向，而营销观念仅强调顾客导向，因此市场导向不单纯是对营销观念的执行，更是对营销观念的互补；市场导向虽主张部门间的合作，但是部门间的合作并不属于市场导向的范畴，只是部门间的合作有助于市场导向的实施。因此，市场导向的实质就是对顾客需求和竞争者信息进行收集，并基于该信息组织做出反应的过程。

（2）市场导向文化观

市场导向文化观将营销观念看做一种经营哲学，是一种能有效为顾客创造价值并为企业带来高收益的组织文化。Narver 和 Slater 认为市场导向包括三个方面：顾客导向、竞争者导向、跨部门协调，如图 2-1 所示。顾客导向就是在充分了解目标顾客需求下持续为顾客创造价值，要求企业对自身完整的顾客链非常了解。竞争者导向是指企业对竞争对手长期战略、短期优劣势要充分了解，从而采取与竞争对手不同的营销策略达到超过竞争对手的目的。跨部门协调是指在为顾客创造价值的过程中，组织内部相互交流和作用的程度。

市场导向的文化观得到了很多学者的认可。Hart 认为市场就是集合了买卖双方相互作用的集合。Day 认为有效的营销战略需要同时兼顾竞争对手和顾客的分析。Deshpande 和 Farley 通过实证研究验证了以市场导向为组织文化的企业绩效要比企业文化更内向和官僚的企业绩效好。市场导向是一种贯穿企业的态度和信念，是一种企业文化，而不仅仅是信息的收集、分享和回应。后期市场导向的文化观更偏向于对学习型组织的深入研究，认为市场导向仅仅是一个开端，还需要企业家精神、企业文化价值观的激励等来营造企业文化。

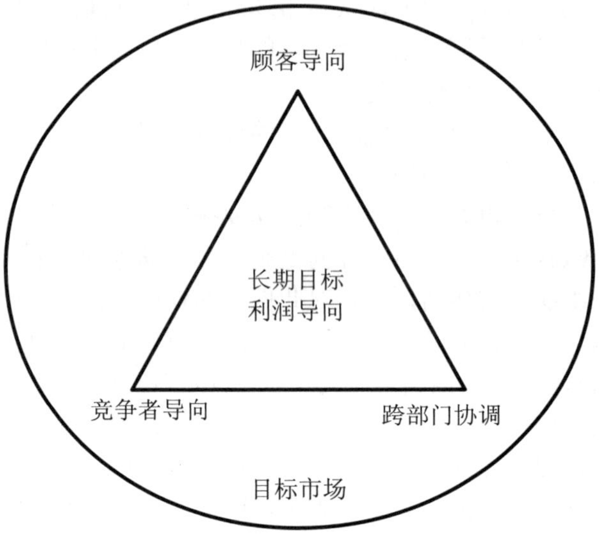

图 2-1　Narver 和 Slater 的市场导向观

Homburg 和 Plfesser 认为市场导向由四个要件构成，它们分别是基于市场导向的企业价值观、准则、规章制度、行为。基于市场导向的企业价值观是市场导向的核心，市场导向追求的企业文化是开放性质的，并且强调市场信息要在整个组织内部共享，如市场情报应该在整个组织内部扩散。而这些要实现必须要有基于市场导向的共同价值观作为支撑。但是，Narver 和 Slater 的市场导向观点在对市场导向分析中没有考虑到市场环境因素的影响。Porter 提出五力模型，对该观点是一个很好补充。Poter 认为市场中存在五种竞争力量共同决定产业竞争强度和盈利能力，并将与企业相关的竞争力量都充分考虑进了市场环境因素中。

2．市场导向内涵演进

从 20 世纪 80 年代开始，一批美国学者尝试着用市场导向来解释一些营销哲学，解答诸如在市场活动中如何体现营销观念的问题。随着研究的深入，对市场导向的理解也越来越深刻。从最初的不同定义的阐述和比较，到后面的如何有效刻画市场导向的量表，以及利用量表来度量市场导向与组织绩效和创新间的关系，大部分学者认为市场导向与创新之间存在正向的关系。但也有研究认为市场导向阻碍了企业的创新，同样地对组织绩效也会产生消极作用，市场导向更多地促使企业开发创新性低的改良产品，使得企业的创新被限制到狭窄的利用型创新范围内。Christensen 和 Bower 认为企业丧失领导者地位就是因为过多地倾听顾客需求，从不断满足顾客需求发展到被顾客胁迫，从而使得企业丧失自己的判断。企业以满足顾客为出发点，就很容易使企业成为“顾客需要什么我们就生产什么”的境况。已有研究发现，过分地强调顾客导向，将目光放在顾客身上会给企业带来以下后果：近似的研发活动，盲目而随波逐流的业务流程，甚至出现类似美国产业竞争力的整体下滑。面对对市场导向的质疑和误解，Narver 等人针对市场导向受到的批评，在对市场导向的内涵和顾客需求的类别区分的基础上，将市场导向划分为反应型市场导向和先动型市场导向。而针对市场导向的批判大多是针对反应性市场导向展开的，一些学者对市场导向的理解是片面的，包括一些实证研究也是用目标顾客的现有需求数据来进行的实证研究，但对未知顾客或者潜在顾客需求的满足的相关研究很少。他们认为反应型市场导向是针对顾客可表达出来的需求而言，而先动型市场导向是针对顾客的潜在需求，潜在需求反应的是代表未知的顾客价值。反应型市场导向的公司致力于发现和理解顾客可表达的需求，而先动型市场导向的公司更专注于顾客未意识到的潜在需求。反应型市场导向的行为特征表现出来的是利用性的，以提高效率为主，更关注短期的绩效，是对企业现有能力范围的拓展，是一种利用性创新；而先动型市场导向是一种探索性的，以创新为目的，更关注长期的绩效，是对现有能力的突破和增强，是探索性创新。两种市场导向在组织中的存在只是程度问题，并不是存在和不存在的问题。那么，也就可以理解为一个企业或多或少都存在市场导向，只是看到底是反应型市场导向占主要地位还是先动型市场导向占主要地位，并不是非此及彼的二分变量。

2.2.3 市场导向与顾客关系

Christensen 和 Bower 指出原来处于行业领导者的领先企业由于“过于聆听顾客的需求”，而导致对企业战略形成严格的限制，顾客权力增加，形成顾客强迫。他们在磁盘驱动器行业的研究中发现，企业更倾向于开发更具竞争性的产品以满足强势顾客的需求，当现有顾客没有对突破性技术表现出兴趣时，也就是不能满足当前强势顾客的需要，企业管理者就不愿意支持突破性技术的开发及对其的资源配置。可见，顾客权力的压力会迫使企业转向为顾客导向的经营哲学。Hamel 和 Prahalad 指出当企业的管理者过度关注当前顾客，仅仅通过顾客的眼睛来看世界，可能导致企业出现市场专制。Raymond 和 St-Pierre 指出对有限数量的顾客的高度依赖容易导致小企业处于不利地位。对顾客导向的完全依赖会导致企业更倾向于反应型、被动型的市场导向文化而不是主动型的市场导向文化。

在顾客导向的理念下，现有顾客可能会限制企业创新。后发企业仅仅关注现有顾客及其需求的满足，这是在顾客能够阐明自身需求的基础上实现的，会逐渐使企业能力出现核心刚性。同时，对顾客满意度的过分追求也会导致企业进入持续对顾客显性需求的关注与满足的循环，容易产生管理近视。

2.2.4 市场导向与顾客价值

市场导向是在充分理解顾客需求的基础上，为其持续地创造卓越价值，强调了卓越顾客价值的维持，并且市场导向的文化为价值创造能力提供了坚实的基础，而顾客价值对巩固市场导向的概念非常关键。Slater 和 Narver 认为持续产生顾客可表达需求和潜在需求及满足顾客需求的情报的能力是创造顾客卓越价值所必需的。尤其是 market-focused 情报创造，为企业产品开发提供了一个焦点，以驱动企业开发出与关键顾客的紧密联系。Blocker 等人指出顾客对企业的期望是动态变化的，因而顾客价值感知也是不断变化的，企业可以通过对顾客可表达需求的响应并主动地理解其潜在需求来应对来自顾客的压力与挑战。他们通过对 800 个顾客的研究发现，反应型顾客导向与先动型顾客导向的互动有助于企业创造卓越的价值。Day 和 Wensley 指出竞争优势的来源、卓越的顾客价值和成本优势的体现应基于顾客导向和竞争者导向间的平衡。市场导向让企业能够理解市场及其未来的变化，进而通过识别顾客的价值要求并与企业的特殊能力相匹配，从而实现卓越的绩效，这是市场驱动战略实施的过程。

2.2.5 市场导向与顾客导向

Slater 和 Narver 认为顾客导向与市场导向的哲学代表了企业对市场不同程度的理解，他们区分了顾客导向和市场导向，顾客导向是在理解顾客显性需求的基础上，开发出产品和服务以满足顾客的需要，致力于顾客满意度的提升。而市场导向则是主动型并更关注长期的顾客需求，致力于对顾客显性和潜在需求的理解，在更广范围内扫描市场，为顾客持续创造卓越的顾客价值。Connor 对 Slater 和 Narver 关于顾客导向和市场导向的论述进行了回应，他们认为市场导向与顾客导向应视为一个连续统一体，从战略上来说，企业既是顾客导向又是市场导向的，并认为只有在顾客导向与市场导向间取得平衡，企业才能获取战略上的成功。Slater 和 Narver 针对 Connor 的论述，进一步强调了市场导向是市场学习和市场反应行为连续统一体的结果，绝不仅仅是顾客导向，他们从产品层次理论的视角阐释了市场导向使企业不仅关注顾客的潜在需求，同时也并未忽视当前顾客及其显性需求，完全顾客导向的企业不可能获得市场导向企业所能获得的完全收益。Jaworski 和 Kohli 也指出满足顾客可表达需求不足以为企业创造竞争优势。Ketchen 等人则不认同 Connor 关于对顾客导向和市场导向是一个连续统一体的论述，他们认为应该从满足顾客当前及未来需求的这两种倾向来理解市场导向与顾客导向，市场导向与顾客导向不应是单向度的(统一体的两端)而是两维度的，并是彼此独立的，是两种可能的市场方法，顾客导向企业擅长服务于顾客的可表达需求而不是预期未来需求，而市场导向企业既能满足顾客的可表达需求也能够满足顾客的潜在未来需求。可见他们对顾客导向与市场导向的论述与 Slater 和 Narver 相一致。同时，他们也指出企业必须谨慎地在满足顾客当前需求和未来需求的两种倾向上做出战略选择，也就是管理者必须考虑企业选择市场导向的程度。同时，追求两个维度的市场导向虽然具有诱惑力，但同时也是有风险的。Kohli 和 Jaworski 通过对 62 名管理者的访谈，指出顾客导向是市场导向的中心内容，不仅仅是获得关于顾客的需求和偏好信息，而是获取基于广泛意义上的市场情报的行动，包括影响顾客需求和偏好的外生性因素(竞争、管制)、顾客当前及未来的需求等。

2.2.6 市场导向与组织学习

Slater 和 Narver 指出市场导向是学习型组织的主要的文化基础，其所鼓励的行为影响组织学习，包括信息获取、信息扩散、共享解释三个阶段。市场导向中也包含了一系列引导企业的行为规范，包括快速地学习不同类型的需求、以创业形式响应顾客并传递顾客价值等。通过获取关于顾客和其他市场参与者的知识，在组织范围内实现共享其意义，并采取行动为顾客传递卓越价值，这是一个持续学习顾客的过程，学习能力有助于市场导向对企业绩效产生积极影响。Slater 和 Narver 指出顾客导向致力于理解顾客可表达的需求及其满足，但是顾客导向的理念是反应型且关注短期顾客需求，因而导致了适应性学习。而市场导向则是主动型并更关注长期顾客需求，致力于对顾客显性和潜在需求的理解，可能产生创造性学习，进而有助于创新。他们也进一步指出市场导向的理念通过组合不同的市场研究技巧有助于发现顾客潜在的需求并驱动创造性学习。市场导向理念在动态变化的环境下通过创造性学习持续地修正以为顾客提供更好的产品或服务，组织学习的原则有助于企业形成市场导向的思维和行为。Hamel 和 Prahalad 指出市场导向也可能把企业限制在仅满足顾客可表达需求上，因而企业仅从事适应性学习，而不是追求对顾客的潜在需求、新顾客、新市场的理解，市场导向主要需要学习市场并做出应对。

Narver 等人、Atuahene-Gima 等人、Tsai 等人在研究市场导向时，将市场导向做了二维化处理，分为反应型市场导向和先动型市场导向两个维度，也即两组基本的行为。反应型市场导向，也被称为“顾客导向”或“顾客强迫”，是企业发现、理解、并满足顾客现有的可表达出来的需求，其包含的信息与企业当前的经验或先前的知识基础密切相关，因而反映了企业利用式学习的效果。先动型市场导向主要是发现、理解并满足顾客潜在的需求，企业主动地引导顾客，包括对新的多样化的信息与知识的搜索，因而是探索式学习的行为。谢洪明的实证研究发现市场导向对组织学习具有正向的影响，同时，市场导向通过组织学习而对组织绩效产生作用。

2.2.7 市场导向维度

Bodlaj 等人认为反应型市场导向与先动型市场导向是两种互补的市场导向形式。在对先动型市场导向和反应型市场导向研究的基础上进一步细化，研究了反应型顾客导向与先动型顾客导向，这两种类型的顾客导向被认为是动态能力，其流程培育了企业内部关系的更新和创新。反应型顾客导向是指企业有效地响应以满足顾客可表达需求的能力；先动型顾客导向是指企业持续地探索顾客的潜在需求并揭示其未来需求的能力。

Herhausen 从顾客需求的角度出发而不是广义上的市场导向涵义，把反应型和先动型顾客导向看作是市场导向的两个维度。反应型顾客导向是对顾客可表达需求的响应，顾客清晰地知道自己的需求并向企业反馈自身的需求和满足需求的意愿。对应的，先动型顾客导向是企业通过持续地探索顾客的潜在需求并揭示其未来需求的能力，其并不试图去实现当前需求，而是通过创新来替代原有的技术或解决方案以搜寻隐藏的需求信息。可见，Blocker 等人对两种类型的顾客导向的论述与 Narver 等研究者关于两种类型的市场导向具有高度的一致性。Lamore 等人也指出反应型市场导向主要关注即时的顾客需求，因而本质上是市场驱动，先动型市场导向聚焦于未来的市场需求，本质上是创新驱动。同时，Lamore 等人研究了组织文化、竞争强度、组织年限及组织规模对反应型与先动型市场导向开发的影响。不同类型的组织文化对市场导向的影响不同，较为灵活的文化对两种类型的市场导向都有积极影响，竞争强度则未表现出显著的影响效果。

2.2.8 市场导向与企业绩效

大量的研究已经证实了市场导向对企业绩效的积极影响。国外学者对市场导向的实证研究主要集中在对顾客价值、创新及企业绩效（盈利能力、销售增长、新产品开发）等方面。

Slater 和 Narver 认为市场导向的文化及其引致的行为有助于降低产品开发的风险，对新产品的开发具有积极影响。但是，他们并没有发现市场导向对企业绩效有显著的影响（市场导向对销售增长有显著影响而对盈利能力影响不显著），这可能是管理者在盈利性和企业成长之间进行权衡的结果。Slater 和 Narver 通过调查多个不同行业中的企业，进一步增强了市场导向对企业盈利能力有积极影响的实证支持。Ledwith 和 O'Dwyer 指出企业需要理解顾客需求与竞争者的意图，通过新产品的开发以满足顾客需求。但并没有有力证据显示市场导向与企业绩效有显著的关系，仅竞争者导向对新产品开发绩效有积极的正向影响。程聪、谢洪明采用元分析方法研究了市场导向与组织绩效的关系，研究发现通过企业市场导向展开不同策略会对组织绩效的作用机理存在不同层面的显著差异。伍勇等人分别研究了反应型和先动型市场导向对企业绩效的影响，发现先动型市场导向与企业绩效呈倒“U”形关系，反应型市场导向和企业绩效间没有显著的相关性，而双元性技术创新与市场导向的组合则对企业绩效产生了不同的影响效果。

从先前的研究发现，对市场导向与绩效的关系仍未达成一致，主要是由于对市场导向狭隘和不完全的理解，仅考虑了对顾客可表达需求的发现、理解和满足。基于此，后续的研究就围绕反应型市场导向与先动型市场导向展开研究。Narver 等人指出企业创造并保持新产品成功，反应型市场导向是不足够的，先动型市场则起到更重要的作用。研究结果也表明先动型市场导向对新产品是否成功影响显著。Atuahene-Gima 等人通过对 175 个美国企业的研究发现了有趣的结论：反应型市场导向与新产品项目绩效呈“U”形关系；先动型市场导向与新产品项目绩效则呈倒“U”形关系。而两种类型的市场导向的互动则与新产品项目绩效呈负相关，但是企业又同时需要这两种类型的市场导向。在特定的情境下，反应型与先动型市场导向对新产品绩效呈现出不同的影响。当管理者间的战略共识程度高的时候，反应型市场导向对新产品项目绩效积极相关。当学习导向与市场支配力高时，先动型市场导向与新产品项目绩效的积极关系被进一步增强。Tsai 等人认为反应型与先动型市场导向与新产品绩效间的曲线关系由外部的环境特征所决定，两种类型的市场导向是新产品绩效的重要决定因素。研究结果表明，在技术动荡性较高的情况下，反应型市场导向超过一定水平会不利于新产品绩效；在技术动荡性或竞争强度较低时，先动型市场导向与新产品绩效是一种倒“U”形的关系。

2.2.9 市场导向与创新

Slater 等人发现在新的细分市场内的顾客导向比在主流市场更能够使企业实现新产品开发的新颖性及突破性创新。市场导向也会影响企业在不同创新类型间的资源分配。Christensen 指出资源分配影响领先企业的创新类型，现有顾客没有对突破性技术表现出兴趣，在现有的结构框架内，突破性技术变革并未能沿着现有的绩效轨迹实现高绩效，进而不能满足既定顾客的需要。同时，当前顾客权力对企业产生的压力会导致企业在竞争产品和突破性技术开发间的稀缺资源的分配上，更倾向于开发更具竞争性的产品以满足强势顾客的需求。Morgan 和 Berthon 研究指出市场导向有助于利用式创新，而创造性学习则有助于探索式创新。Grinstein 研究了不同的情景特征对市场导向与创新结果的影响。竞争强度越高或技术动荡性越低，市场导向对创新结果影响越显著；在大企业、服务型企业或高个人主义与高权力距离的国家文化下，市场导向对创新结果的影响较显著。Li 和 Lin 发现反应型市场导向可促进渐进式创新，而先动型市场导向则有助于突破式创新，因此不同的产品市场要求不同的市场导向行为，即新的业务单位在新市场运用先动型市场导向行为，现有的业务单位在现有市场运用反应型市场导向行为，从而实现双元创新。张婧和段艳玲基于 227 家制造企业的调查数据发现，反应型市场导向与先动型市场的匹配均衡、联合均衡及其交互效应对产品创新绩效显著正相关。环境动态性对市场导向均衡的两维度与产品创新绩效具有正向调节作用。张婧和赵紫锟反应型与先动型市场导向对利用式创新和探索式创新均有正向影响，先动型市场导向对组织创新和企业绩效的影响更为显著。王龙伟和李垣通过对 607 家企业的调查，发现顾客导向与突变性产品创新呈倒“U”形关系，竞争者导向和部门间协作对突变性产品创新具有显著的正向影响。张婧和段艳玲研究发现市场导向对激进式创新和渐进式创新具有显著的正向影响。

2.2.10 市场导向与企业绩效的权变因素

其他探索性的研究还包括对市场导向与企业绩效的权变因素，如环境动荡性、技术动荡性、竞争强度等权变因素的研究，同时，对市场导向与企业绩效的权变因素的研究有助于管理者开发出合适的组织环境以利于绩效改进。

Kumar 等人的研究结果表明市场导向对企业绩效有短期和长远的积极影响，环境动态性与竞争强度可调节市场导向与绩效间的关系。在环境动态性越高的情况下，市场导向对企业绩效的影响程度越高，技术的动荡性则减弱了市场导向作用于企业绩效的能力。他们还发现采用市场导向的时间与企业的竞争优势间也存在一定的联系，越早运用市场导向的企业越容易获得企业竞争优势。而 Kirca 等人的研究并未发现环境动荡性对市场导向与企业绩效有调节作用。Bodlaj 等人指出商业环境中的市场和技术变革调节反应型和先动型市场导向与创新、市场成功的关系，在快速变化的市场环境中，反应型市场导向对企业的创新和市场的成功有积极和显著的影响。企业能够通过投入资源以探索顾客需求、当前产品或服务的顾客问题，以及潜在的顾客需求来改进创新绩效。

Lamore 等人发现企业对市场导向的战略选择影响研发与营销的整合，进而影响到组织的绩效。市场导向的战略选择对企业营销与研发的协作都是有利的，还对未来市场需求至关重要。先动型市场导向与市场绩效显著相关，而反应型市场导向则未表现出显著影响，可能是由于满足顾客的即时需求可能导致较低的市场绩效。于洪彦和银成钺则发现创新在市场导向与企业绩效间起到调节作用。

2.3 企业能力理论

企业能力理论的起源要追溯到亚当·斯密、李嘉图、马歇尔等人的研究。亚当·斯密在《国富论》中提到，企业部门间的不同分工提高了工人的专业化程度，以及通过在“干中学”增强他们的劳动技能，进而影响经济增长。劳动分工有助于提高生产效率，主要原因有：（1）做相同的工作有利于提高劳动效率；（2）将复杂任务分解成简单任务的集合，大大降低了生产成本；（3）一项简单的工作有利于机械来代替手工作业。李嘉图认为组织的分工效率受组织特有的资产、能力的影响很大。在继承亚当·斯密劳动分工理论的基础上，马歇尔又将之进行了拓展，提出企业的生产职能单元被分解成若干个次级职能单元，不同次级职能单元形成一系列不同的专业知识和技能。然而，专业分工导致的协调问题需要新的内部职能单元进行调整和整合。他还指出，生产和知识积累不止在企业内部发生，还发生在企业与社会之间，而要对企业“内部”经济问题和“外部”经济问题区别对待。马歇尔的企业内部成长理论是动态成长的企业进化理论，不同以往的新古典经济学的静态均衡思想。

在上述企业内部成长思想的影响下，20 世纪 50 年代初步形成了企业能力理论的基础。在对企业成长过程进行研究的基础下，安蒂思・彭罗斯提出了企业内在成长理论，在《企业成长理论》中第一次明确提出基于资源的企业能力思想。她认为企业具有的内部资源是企业增长的源泉，企业在使用资源的同时企业能力也在不断积累，企业运用资源的知识也在不断丰富，知识积累的过程也会导致管理能力的增加，从而推动企业不断成长。在彭罗斯对企业“内部经济”问题研究的启发下，理查德森将目光放在了“外部经济”问题上，旨在研究企业间的差异化分工和具有不同能力的企业如何整合资源进行“互补性活动”。理查德森认为企业间的合理分工并不是经济学所主张的价格机制，而是由生产者为大量不确定行为找出组织和制度上的合理安排。理查德森认为在企业和市场这两种基本协调机制之外，还存在第三种协调机制就是企业间的合作。他经区别研究后指出企业间的分工为“替代性活动”和“互补性活动”。所谓“替代性活动”就是企业间共同依存于同一种能力的活动，互补性活动指企业间以规模和专业化为基础，企业从事的活动与其他企业从事的活动相配合的活动。

20 世纪 80 年代以来，企业能力理论不断发展成熟，并在后续的研究中被大量的学者所广泛使用。按照理论提出的先后顺序可概括为以下三个主要的流派：基于资源基础观的企业能力理论、基于核心能力观的企业能力理论、基于动态能力观的企业能力理论。

2.3.1 基于资源基础观的企业能力理论

20 世纪 80 年代最早出现的流派是资源基础观的企业能力理论，该理论发展成了战略管理领域非常有影响力的理论框架。该理论从企业内部角度研究企业该怎样获取竞争优势并如何保持竞争优势。资源基础观的企业能力理论假设企业是异质性资源的集合，企业表现的差异归根到底就在于企业拥有的不可模仿或者难以复制的异质性资源。

Lippman 和 Rumelt 认为如果企业无法将优势企业所拥有的能力全盘照抄或者模仿，那么企业间具有的效率差异性将持续保持下去。Wernerfelt 认为企业是由一系列资源构成，而竞争优势就来自于企业控制着的其他企业无法复制、难以交易的特殊资源，这些资源不仅包括有形的实物资源还包括无形的人力资源和知识等。《企业资源基础观》一文，被认为是 20 世纪 90 年代最具有影响力的企业资源基础观的学术论文之一。Barney 认为企业资源就是用来实施企业战略所使用的一切有形资产和无形资产的综合。

如果一旦企业所拥有的特殊资源能够为企业带来经济租金，那么其他企业就会想方设法地模仿优势企业，其结果将是企业的特殊资源逐步变为同质化的资源，从而导致经济租金消失。基于该问题，Wernerfelt 提出了资源占位障碍概念，也就是这些占有异质性资源的企业拥有其他企业所没有的时间优势和经济优势，以及成功的变量模糊性，这些要素都使得资源无法被其他企业所完全模仿，从而阻止了其他后来者对占有资源企业的超额利润的剥夺。Barney 提出了 VRLO 框架，从价值、稀缺程度、可模仿程度、组织四个维度分析了如何保证资源不可模仿。Collis 和 Montgomery 提出独立机制也是为了保证资源不可模仿。一是物质的独特性，这些资源的独特性就决定了不可模仿，比如矿采资源；二是路径依赖性，获取资源的过程所经历的路径并不能被竞争对手获取，从而决定了竞争对手无法轻易获得资源；三是因果模糊性，从结果很难推断出哪些资源是有价值的，以及如何获取，这种能力存在于复杂的社会网络中，并不能简单的看出因果关系；四是经济障碍，企业在通过巨大投入后获取了先位优势，竞争对手即使复制了资源，也无法在市场中占有先机。

资源是企业获取和保持竞争优势的源泉，那么资源从何而来？这一问题也成为资源观的研究重点。早期的研究认为运气和对资源价值的预期是资源的主要来源。随着研究的深入，学者们认为通过收购、开发不同资源和能力组合可以获取资源，这些方法成为获取资源的主要途径。近期有学者认为科学搜索和地理搜索是企业资源异质性的主要来源。当企业面临技术危机或者技术出现大变革的时候，企业会主动地展开科学搜索活动；当企业现有市场边界无法满足企业需求时，企业可能会跨越地理上的边界，在非本地市场主动展开科学和市场搜索行为。因此，科学搜索的强度，以及市场搜索的广度导致了企业资源的异质性。

资源基础观的企业能力理论的本质就是从资源的内部属性出发来研究企业异质性，并首次将企业内部条件作为竞争优势的来源，逐步发展成为完整的战略管理理论体系. 资源基础观强调的是企业的绩效来自于企业内部的资源优势，而不是来自市场定位。也就是说企业所拥有独特的、无法被模仿的异质性资源决定了企业的竞争优势。

2.3.2 基于核心能力的企业能力理论

企业能力理论中的资源观和能力观几乎是同时期并行发展的，核心能力的企业能力理论更强调知识、创新、学习，以及对已有的知识、资源的整合来创造竞争优势。该理论认为物质资源能够发挥作用的程度取决于使用它的人的能力，企业的优势是企业各种资源、技术和能力的集合。

在资源观和能力发展基础上，Prahalad 和 Hamel 发表了《公司的核心能力》一文，奠定了核心能力的企业能力理论的基石。核心能力观具有以下特征：一是核心能力是一个有机综合体，包含了多种知识、技术的结合，而并不是简单的拼凑；二是核心能力具有稀缺性，是企业所特有的能力；三是核心能力具有价值特征，通过实现顾客价值来体现核心能力的价值；四是核心能力具有不可模仿性，企业必须通过长期的学习和积累才可以构建企业的核心能力；五是核心能力具有连贯性，不会像物质资源一样随着时间而流失，企业对核心能力的运用会使核心能力愈加强大。

核心能力观的重点在企业竞争优势是什么，以及如何维持竞争优势的研究上。Lenard-Barton 分析了核心能力刚性对核心能力的影响。Elfring 和 Baven 提出了能力扩展运用四阶段模型，从内部职能部门到为少量公司服务；从为多个公司服务阶段到跨地区、多元化的服务阶段。在业务发展过程中，核心能力通过学习和运用得以提升。Javidan 分析了从资源到利用资源的能力再到竞争能力最后到核心能力四个层次，以及相互间的层层递进的能力演化逻辑。

2.3.3 动态能力观的企业能力理论

动态能力论是企业能力理论发展到后期的一个重要分支。它是在借鉴了竞争优势理论、资源基础的企业能力理论、核心能力的企业能力理论后的近二十年才形成发展起来的。战略管理一直讨论的核心命题就是企业的核心竞争优势是什么，又是如何维持核心竞争优势的？从波特的竞争优势出发，着重讨论了：（1）企业所处产业环境下竞争优势的维持；（2）企业拥有的由异质性的资源构建的企业竞争优势的资源基础观的企业能力理论；（3）企业对各种知识、资源的整合能力的核心能力的企业能力理论；（4）动态能力的企业能力理论。可以说，动态能力理论既继承了上面各个理论并对其进行了拓展，又与以上理论有很大的分歧。

动态能力观和资源基础观都认为企业是异质体的，但是动态能力观将企业看做一个在战略指导下的追求目标的开放系统，由有形和无形资产构成。由此可见，动态能力观在“企业是资源集合体”的基础上进行了拓展，而该观点又是资源基础观的核心观点。动态能力观认为企业获取竞争优势的主要资源是无形的知识。企业能力理论的动态能力观认为，企业最重要的资产并非有形的物质资产，而知识以及如何发展、增强知识来获取企业竞争优势才是最主要的能力。动态能力观更强调的是如何创造知识、资源、能力，更关注企业整合资源、知识、能力以应对变化的环境。

综上，我们可以这样简单扼要地理解资源基础观、核心能力观，以及动态能力观的联系与区别。三个观点都强调企业是资源集合体，但是各有不同，资源基础观认为企业的核心资源是具有异质性的有形物资，核心能力观认为企业的核心资源是无形的知识或者能力，而动态能力观认为企业的核心是企业创造知识、资源或者能力的内生创造性。

Heiner 认为动态能力是一种组织规则，常常在企业解决问题的时候才表现出来，并认为动态能力在一定背景下才可以产生，如图 2-2 所示。他认为动态能力是基于知识的“知识—行为—组织能力”相互交融的过程。

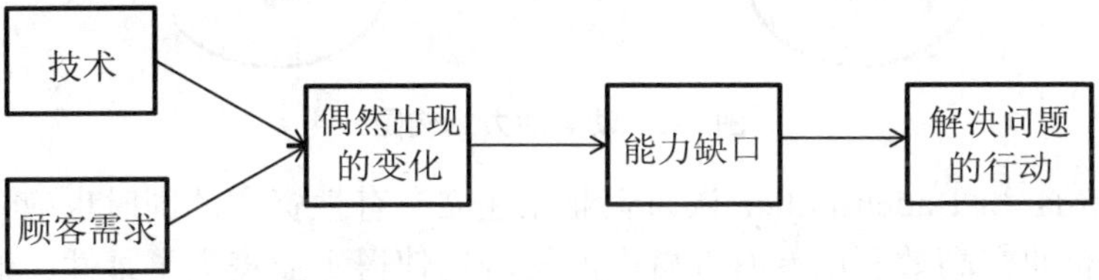

图 2-2 动态能力产生的背景

动态能力观的企业能力理论核心体现在以下两个方面。一方面是“动态”，所谓动态就是企业的整合能力，即实现与变化的外部环境同步的能力。市场的变化，以及技术的变化乃至竞争实质的变化变得不确定的时候，外部环境充满不确定性，那么对环境的快速响应，以及创新对企业来说就是非常重要的。另一方面是“能力”，所谓能力就是整合组织内外部的资源、知识的能力。Teece 等人将动态能力定义为“组织整合、构建并重组内部和外部能力，以回应外部环境变化的能力”，并提出了企业的竞争优势来源于“组织流程（process）”“位势（position）”和“发展路径（path）”的 3P 模型，如图 2-3 所示。他们认为动态能力本质是由企业的资产位势和历史发展路径形成的企业内部的组织管理流程，是决定企业竞争优势的重要所在。位势是企业所拥有的专有资产存量和结构状况，专有性资产包括：专有的设备厂房，以及知识资产和互补性资产等。而企业的发展存在着路径依赖，企业过去的投资和当前的能力决定了企业的未来，只有当企业有难以被模仿的能力，以及互补性资产的时候，企业才可以获取经济租金。

Griffith 和 Harvey 从企业角度，分别阐述了资源资产和市场资产对全球性动态能力的影响。全球动态能力来源于资产资源和市场资源的均衡，包括组织间的有效协作才可以构建全球性的动态能力。

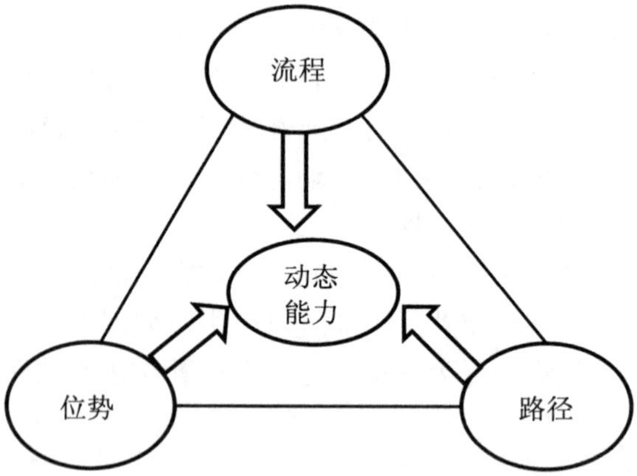

图 2-3　动态能力结构图

Volberda 和 Baden-Fuller 认为企业在建立专有性资产的同时也应该建立核心刚性，企业在高效利用专有性资产的同时也使得企业丧失了柔性。他们还讨论了能力建立的四种机制，分别是选择机制、时间机制、层级机制、组织网络机制。

Winter 将企业能力区分为运营能力和动态能力。运营能力就是管理者生产特定产出的一系列决策选择，产出是最终产品。而动态能力不涉及产品或者服务，而是通过构建和调动组织内外部运营能力的能力，动态能力能够产出新的能力。

Eisenhardt 和 Martin 将动态能力看作一系列可识别的过程，包括产品制造过程、战略制定过程、企业联盟过程，等等。虽然每个过程具有很多差异性，但是它们都具有同质性、可替代性和互补性这些共性。在适当的竞争环境下，动态能力也就是传统意义上的规则，结果是可以事先预测的；而当环境变化很快的时候，动态能力带有试验性，结果也就难以预测。

2.4 研究启示

通过对已有的后发企业、市场导向、企业能力理论文献进行回顾，不仅奠定了本研究的理论基础，而且也得到了一定借鉴和研究启发。

首先，对于后发企业的研究大多是在追赶和赶超在位企业已开展的研究，主要集中在技术能力、创新能力方面，而从市场导向角度研究后发企业还属于一个较新的视角。

其次，对于市场导向的研究从开始的内涵理解到后期的大量实证研究，大多是基于西方国家的领先企业展开的，因此对于后发企业的市场导向研究还鲜有人关注，特别是实证的文章更少。因此，有必要对后发企业市场导向的行为倾向进行深入的研究。

最后，在回顾企业能力理论相关文献基础上，笔者认识到后发企业市场导向的研究是基于事件路径的过程研究，在这个过程中要不断关注外部资源因素和企业内部能力基础影响下的后发企业与环境的互动。特别是与市场的互动过程中，后发企业在不同的市场导向下达到基于过程的不同的结果，也就是顾客锁定困境和能力反超。

综上所述，通过对“后发企业”“市场导向”“企业能力理论”三大主要理论的回顾，为我们的研究奠定了坚实的理论基础，也为本研究明确了研究的方向，理顺了研究思路。

3 基于后发企业市场导向的理论模型构建

3.1 后发企业“双向资源依赖”格局构建

资源依赖理论认为企业的生存和发展必须依赖从外部环境中获取关键资源，而关键的异质性稀缺资源存在着强烈的依赖性。而在相互依赖的关系中，当一个组织对另一个组织的依赖性不对等时，那么他们之间的权力就变得不对等。因此，资源依赖分为两个维度——相互依赖和非平衡力。

从相互依赖维度看，一方面，由于技术领先企业在技术积累和发展上都具有后发企业无法比拟的优势，因此在技术上具有后发企业难以跨越的技术优势。由于后发企业自身技术能力的欠缺，以及市场需求的迫切，难免在竞争激烈的环境中在技术方面对技术领先企业存在明显的依赖关系。另一方面，后发企业对于自身市场又有得天独厚的优势，由于深处国内市场环境中，对市场的洞察和客户群的维系、顾客爱好，以及消费习惯等都比技术领先企业有优势。同时，技术领先企业要想进入国内市场存在一定的市场壁垒，通过与后发企业的合作可以更容易地减少市场壁垒的阻力。由于本身对国内市场了解的缺乏，以及政策原因，技术领先企业很难像国内后发企业一样对国内市场和客户了解深入，正是有了这些市场方面的先天优势，技术领先企业借助后发企业的市场渠道和市场能力，能够更加容易地进入国内市场。因此，后发企业与技术领先企业之间存在着相互依赖的关系。

从非平衡力维度来看，在这种依赖关系中，我们更多地看到了权利的不平衡、不对等。后发企业从外部引进技术后，技术领先企业的技术存在被后发企业模仿和窃取的可能性，因此，技术领先企业为了防止这种可能存在机会主义的行为，会加强对技术的保护，他们会通过不断升级产品和对技术进行革新，从而提高技术难度。技术引进与自主创新相比，后发企业不管是在资金投入还是时间成本上，技术引进都具有很强的优势。技术引进使后发企业花较小的成本就可以获得较大的经济利益，而且市场上对于该技术的需求是急迫的，后发企业认为这是一条捷径，因此越来越多的后发企业依赖从技术领先企业获取技术，也使得对技术领先企业的依赖度增强。但是后发企业从技术领先企业获取技术是一把双刃剑，一方面可以快速地与世界先进技术接轨，减少了中间的成本并且缩短了技术差距；另一方面，由于后发企业过多地依赖技术领先企业的技术输入，使得自己越来越陷入恶性循环，即引进—消化—再引进。但是后发企业在引进—消化—再引进这条路上走的越久，就越容易发现企业的创新能力并没有得到加强，反而在一定程度上由于过分的依赖技术领先企业的技术输入，使得企业的技术能力不但没有提升反而下降，而技术能力的下降使得后发企业再想继续在市场份额中获得突破就变得愈来愈困难。因此，后发企业陷入一种两难的境界，到底是彻底摆脱技术领先企业的技术输入培养自身企业的创新能力，还是按照原来的熟悉路径继续引进—消化—再引进。后发企业与技术领先企业的权利结构关系，如图 3-1 所示。

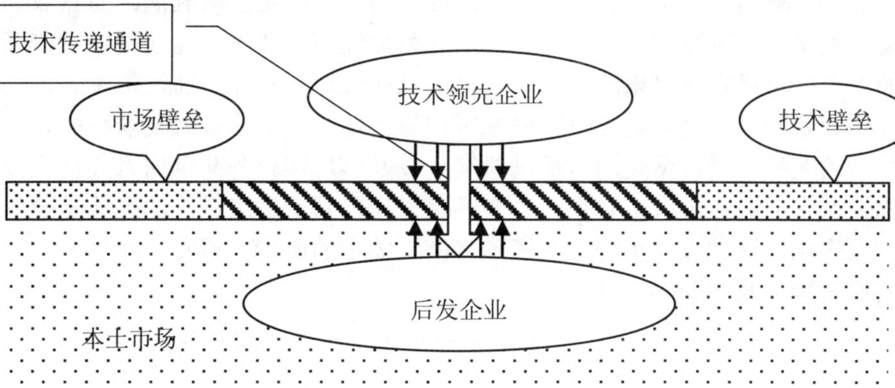

图 3-1 后发企业与技术领先企业的权利结构关系

正是由于后发企业与本国顾客间紧密的关系，技术领先企业想借助后发企业的市场渠道拓展中国本土市场，才出现 20 世纪 80 年代末曾经红极一时的“以市场换技术”的概念。我国巨大的本土市场对于多数技术领先企业都有极强的吸引力。为了进入中国市场，一些技术领先企业通过与后发企业开展广泛的合作进入国内市场。在理解后发企业与顾客间的紧密关系的同时，我们也看到了由于信息业的发展，以及国外先进企业在国内市场的发展和渗透，国内的顾客也可以比以往更便利地获知最新的技术和产品信息，并对后发企业提出更高的要求。因此，后发企业与顾客间已经不是单向的关系，而是双向的选择和互动的关系。在竞争如此激烈的当今社会，后发企业要从不同方面满足顾客的多样化需求，从而减少企业面临的风险。满足顾客需求既有后发企业对于顾客现有需求的了解，也包括对顾客潜在需求的把握；同时，顾客也会对后发企业提出自身的要求，并且在国内后发企业同行，以及国外技术领先企业间抉择。

顾客是后发企业的核心资源，也是后发企业与技术领先企业进行交换的重要筹码，更是后发企业生存和发展的根本。同时，顾客需求的变化也成为企业搜索和获取外部知识的一个重要的促发机制。后发企业从外部搜索技术进行资源配置和创新活动，这些活动都受到现有顾客的压力。如果后发企业提供同质化的产品，那么顾客权力将随着市场同质化的程度而增加，后发企业间的竞争也会变得愈加激烈。甚至由于顾客需求的快速变化导致后发企业的创新活动中的顾客压力演变为“顾客强迫”，后发企业被迫只满足顾客的显性需求，从而进入“顾客锁定”困境。一些跨国企业同样由于顾客权力的无限增加，企业创新活动被顾客需求所绑架，使得企业创新被限制到了狭窄的利用型创新范围内，从而进入创新者困境。

后发企业面对的是能否生存下去，因此首要任务是获取利润。而获取利润的途径就是满足顾客的需求。顾客需求分为显性需求和潜在需求两种。前者就是顾客可以自己表达出来的需求，这种需求比较容易获知，通过常见的市场调查方法或者与顾客交流就可以明确顾客的显性需求。而后者就要求与顾客间有更紧密的关系，通过常规的市场满意度，以及市场调查等简单的方式已经没办法获知顾客的潜在需求，必须通过与顾客长期、紧密的联系，清晰地描绘顾客的需求变化，这种改变正好表明了顾客潜在需求的所指。后发企业与顾客之间的权利结构关系如图 3-2 所示。

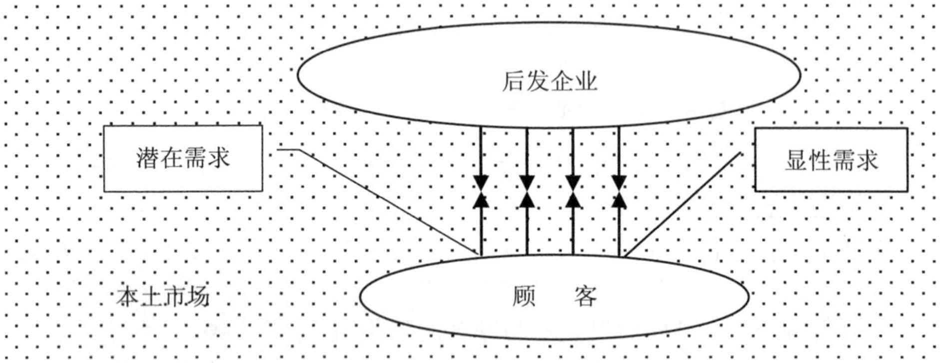

图 3-2　后发企业与顾客的权利关系

市场经济下企业间大多以竞争关系为主，即使是相互合作、同盟的企业也存在着普遍的竞争。企业要想在市场中生存和发展，就必须不断提高市场地位，并对市场中的竞争力量非常了解。波特的竞争理论认为：在一个行业中企业的竞争远不止直接竞争对手这一个，还包括潜在竞争者、购买者、替代品、供应者。这五种竞争力量间的博弈决定了竞争的激烈程度。后发企业与竞争对手之间的关系从最初完全意义上的竞争关系，逐步发展到强调合作，最后发展到后期的“合作竞争”，相互的不同关系具有完全不同的管理思想。

市场经济的规律就决定了竞争是企业间的主要形态，但是在以竞争为主旋律的基调下，也存在大量的合作关系。从最初的共享有限资源和权利开展的联盟合作，到后来发展到联合对抗强有力的外来竞争对手展开的联盟合作，企业间的合作不断突破了资源的限制从而上升到了战略层面。特别是在面对国外的进入者面前，后发企业与竞争对手间会结成联盟共同抵御国外企业的进入，从而形成坚强的市场壁垒，以防止国外竞争对手的进入。

竞合也是信息时代的时代特点，一个企业不可能依靠自身就可以在全球化的市场经济中孤军作战。它必须与其他企业合作来对抗更多或者更新的竞争者。企业要想获得可持续的发展就必须改变过去与竞争对手“你死我活”的竞争关系，单一的竞争只会将企业逼上孤立无援的境地，唯有与竞争对手一起合作获得市场竞争的速度，并不断提升企业自身的竞争优势和竞争战略，这样才可以在瞬息万变的市场中获得一席之地。而建立竞合关系的方式是多种多样的，既有横向的企业间以市场为纽带，互换市场资源，共用对方的销售渠道进入市场；也有纵向的企业间制造领域与流通领域的合作，制造商将触角伸向流通领域共享顾客信息，流通领域的企业直接参与制造环节，保证了市场需求以最快的速度实现出来；同时，还有不同企业间以资本为纽带建立合资公司等形式，或者吸引外资，通过调整产品结构、升级产业结构等方式扩大市场占有率。后发企业与竞争对手之间的权利关系如图 3-3 所示。

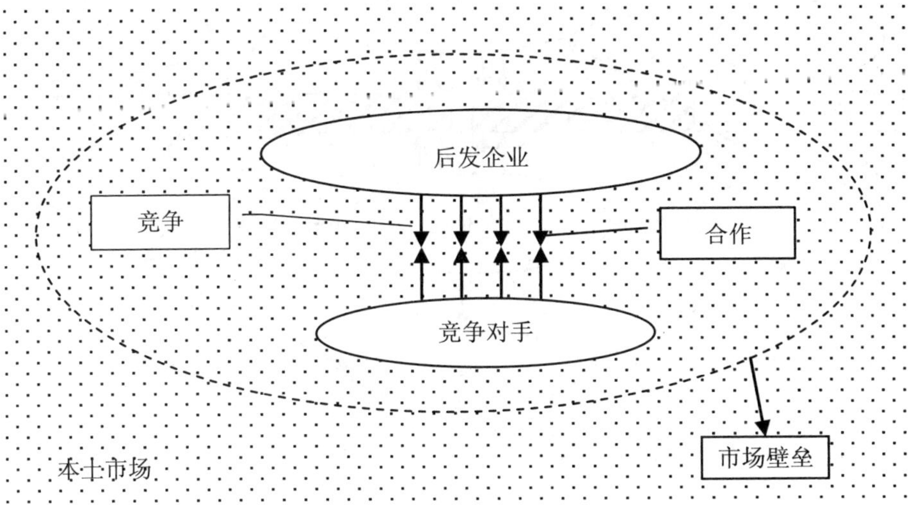

图 3-3　后发企业与竞争对手的权利关系

综上所述，后发企业的技术创新和绩效是建立在两个基础之上的：技术上依赖技术领先企业，市场上依赖本土顾客。但是在“双向资源依赖”格局中，后发企业面对的来自技术领先企业与顾客的压力并不是一成不变的，随着竞争对手对权利结构的影响，原有的利益相关者间的压力会随之改变。第一，一旦竞争对手和技术领先企业建立联系后，原有的后发企业与技术领先企业间的权利结构就会打破原有平衡；第二，竞争对手也会对本土市场的顾客产生影响，从而破坏原有后发企业与顾客间的权利结构；第三，技术领先企业通过竞争对手去影响顾客，使顾客可以更加快速获取技术动态，从而破坏后发企业与顾客的权利结构。

综上所述，后发企业在技术上依赖于技术领先企业，在市场上依赖于本国顾客的市场资源。而技术领先企业通过不断升级产品来设置技术壁垒，防止后发企业获取最新技术，竞争对手与后发企业又共同设置市场壁垒，防止技术领先企业快速进入本土市场。顾客依靠不断增加的顾客权力来增加对后发企业的创新压力，竞争对手与技术领先企业共同作用又进一步影响顾客权力的变化，从而加剧了后发企业对外部的“双向资源依赖”。后发企业与技术先进企业、竞争对手、顾客之间的权利结构关系如图 3-4 所示。

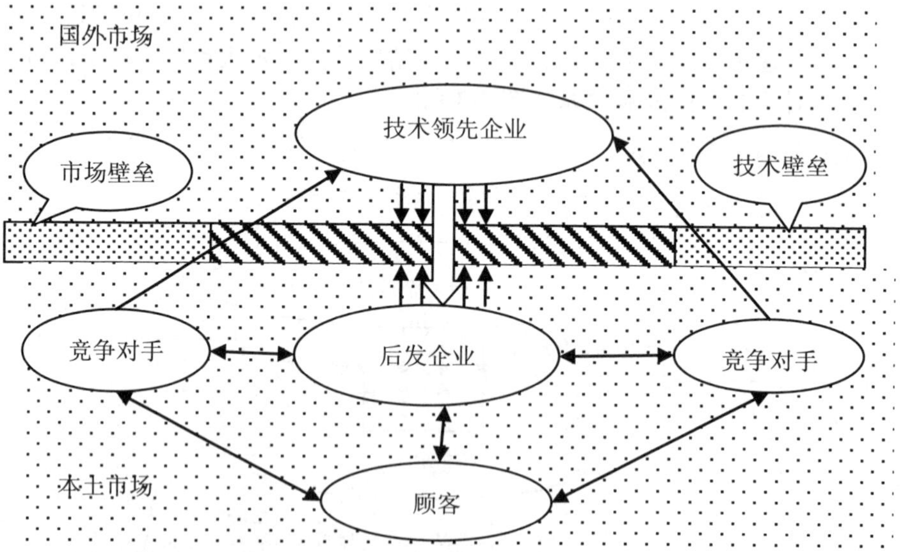

图 3-4 后发企业与技术领先企业、顾客、竞争对手间的权利关系图

3.2 理论模型构建

3.2.1 基于"双向资源依赖"的后发企业市场导向整体模型设计

后发企业市场导向研究的一个基本的情景是：后发企业技术上依赖国外技术领先企业的知识、技术传递；市场上依赖与本国市场的紧密联系。"双向资源依赖"格局是后发企业所处的外部环境的基本属性，也是几乎所有的后发企业都面临的外部环境，具有一致性和统一性。

资源依赖理论基本假设认为组织必须与外部组织进行交换，换句话说，企业的生存发展都依赖从外部环境获取关键的资源和能力。顾客及企业利益相关者为其生存提供了必须的资源。Pfeffer 和 Salancik 认为外部的资源不仅影响企业的行为还影响企业的绩效和战略。"双向资源依赖"格局中，揭示了后发企业通过提升能力来形成自身的竞争优势，而源头来自于技术领先企业的技术资源和顾客的市场资源，但是后发企业又受到来自技术领先企业的技术壁垒和不断增加的顾客权力对后发企业产生创新压力。在后发企业外部资源依赖结构中，竞争对手又进一步对后发企业所处的外部"双向资源依赖"格局产生重大影响。后发企业面对的来自技术领先企业和顾客的"双向压力"随着竞争对手对后发企业的压力增加而增加；反之，"双向压力"随着竞争对手对后发企业的压力减少而减少。因此，后发企业、技术领先企业、顾客和竞争对手这四个主要方面的属性构成了后发企业管理者做决策和行为倾向的决策情景。在对后发企业外部的"双向资源依赖"格局和内部企业能力分析的基础上，研究分析后发企业市场导向的行为倾向与决策的影响机理。重点主要关注顾客压力和后发企业自身能力对市场导向行为倾向的影响机理。这部分研究属于后发企业市场导向静态研究。

而后发企业市场导向的行为倾向并不仅仅是静态问题，后发企业随着外部环境，以及自身能力的构建，市场导向行为倾向存在演变。既有从反应型市场导向向先动型市场导向的转变，也存在两种倾向同时存在的可能，因此，有必要对后发企业市场导向的动态演变进行研究。当市场上的顾客需求大量涌现时，后发企业就应该充分获取和利用外部技术，及时弥补能力上的缺陷，建立企业与顾客之间的紧密联系，实现价值的充分创造与有效传递。但是当顾客需求改变，这种改变既包括需求量的改变也包括需求方向的改变，那么后发企业就面临一些困境，如创新陷阱、顾客胁迫、紧连结和能力刚性等。因此，后发企业与顾客的关系研究就转化为对市场导向的研究，即响应顾客显性需求的反应型市场导向，还是满足顾客潜在需求的先动型市场导向。

大量实践证明，在技术与市场的双重压力下后发企业倾向于“反应型市场导向”的短期选择，容易将企业战略重心转移到与顾客交互上并形成很难改变的状态，我们将这种状态称为“顾客锁定”，处于顾客锁定状态下的后发企业对顾客过分依赖，被顾客关系所强迫，可调整的空间趋于狭小，难以真正实现对技术的获取和能力的发展。这也是现在很多后发企业面临的主要困惑。那么后发企业如何走出顾客锁定的困境？现实中，也存在很多后发企业，同样处于技术和市场的双重压力下，像三星电子也是经历了“反应型市场导向”阶段，但是这类企业在这个过程中没有陷入顾客锁定，反而一步步壮大并超越了模仿对象。因此，采取纵向的过程分析，主要关注后发企业与环境的互动，特别是与市场或顾客的互动过程。从过程演化的层面来研究后发企业在与环境互动过程中达到的两个不同的结果：“顾客锁定”困境和“能力反超”。

这两大主要的研究内容构成了全文主要的研究脉络，基于“双向资源依赖”后发企业市场导向的理论模型如图 3-5 所示。

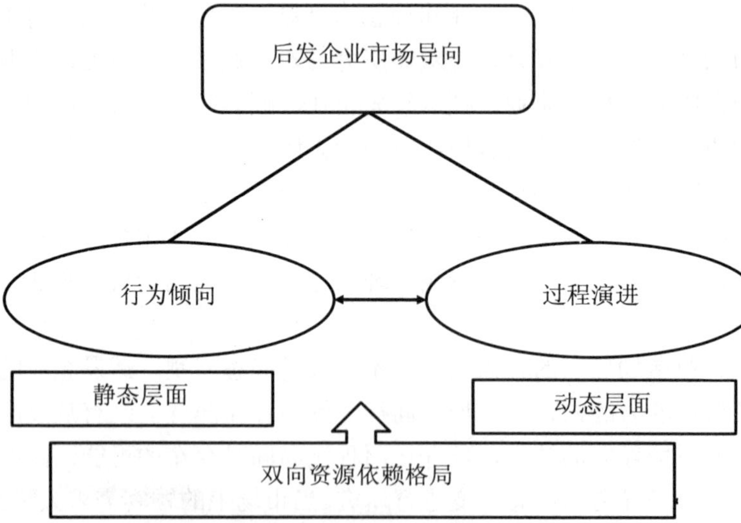

图 3-5　基于“双向资源依赖”后发企业市场导向的理论模型

3.2.2 基于“双向资源依赖”的后发企业市场导向的两种行为倾向理论模型构建

从顾客需求来看，通过常规的市场调研等方法企业可以迅速获取顾客的显性需求，然后通过从技术领先企业获取技术，消化吸收后，尽快地满足顾客的显性需求。但是如果只是一味地满足顾客的显性需求，采取引进—吸收—再引进的循环并不一定对企业有利。在循环过程中，短期看后发企业能抓住顾客的需求，并以最快速度满足顾客；但是从长期看，后发企业自身的创新能力得不到提升，在未来的竞争中势必会被市场所淘汰。同时，顾客追求先进技术和对现有技术的不满足是一个必然的过程，而企业为了在未来的竞争中占有先机就要求企业走在顾客的前面，去研究顾客的潜在需求。现实中，顾客需求的快速变化使得后发企业的创新活动受到顾客强迫，后发企业被迫只满足顾客显性需求，从而进入顾客锁定。甚至连一些跨国企业一样由于顾客权力的无限增加，最终创新活动被顾客所绑架，使得企业创新被限制到了狭窄的利用型创新范围内，从而进入创新者困境。

对于后发企业来说，与本土顾客的关系是一个两难的问题。关注顾客的现有需求，企业可以获得好的绩效，也就意味着企业的生存问题可以解决；而如果只关注顾客现有需求，就会使得后发企业陷入“创新歧途”，企业以后的发展就受到很大的限制，也就意味着企业的发展问题难以破解。在生存与发展之间，后发企业该如何权衡？回答这个问题我们将借助两种不同类型的市场导向，一是主要关注于满足顾客现有的可表达出来的需求的市场导向，即反应型的市场导向；二是主要关注顾客潜在的需求的市场导向，即先动型的市场导向。反应型市场导向解决企业的生存问题，而先动型市场导向解决企业的发展问题。

后发企业的市场导向不仅受到自身内部所掌握的资源和能力的限制，同时还要权衡企业外部的依赖关系中的各个利益相关者对于后发企业的影响。因此，后发企业的双向资源依赖的关系中各利益相关者与后发企业自身所具备的能力和相互间的关系共同影响后发企业管理者对后发企业市场导向的行为倾向，这一行为倾向又进一步影响后发企业的能力构建过程。综上所述，后发企业“双向资源依赖”关系与后发企业管理者的市场导向行为倾向之间的关系如图 3-6 所示。

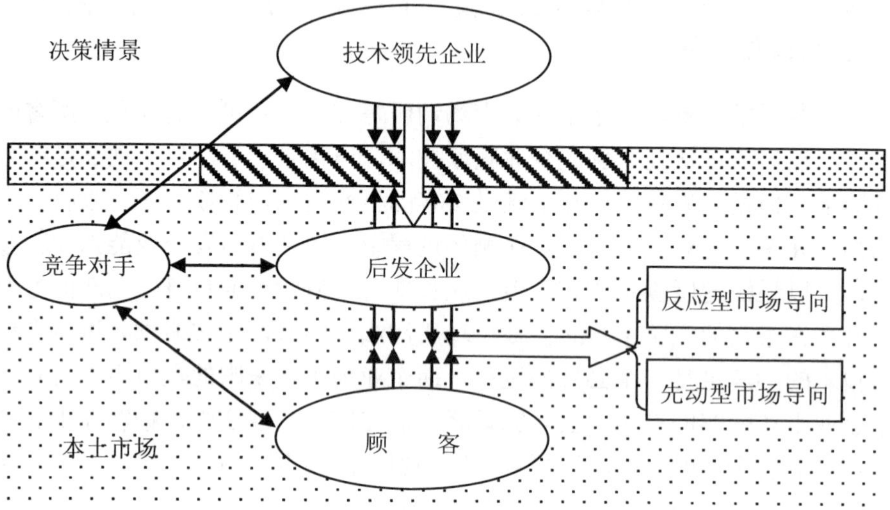

图 3-6　后发企业“双向资源依赖”结构下市场导向行为倾向关系图

3.2.3　基于“双向资源依赖”的后发企业市场导向过程演进理论模型

对于后发企业来说，企业为顾客创造价值，而价值本身在企业内部传递并最后交付给顾客。同时，顾客反馈进一步强化顾客与企业间的关系，并产生促使企业搜索和获取外部知识的作用。因此，抽象出企业与顾客间价值传递的过程为“质量需求—质量实现—质量回馈”的过程，而在这个质量环中隐含了一个质量交付过程，它体现了质量被顾客所接受并实现价值的过程。四个过程首尾相连形成一个封闭的价值循环。第一，企业对搜集来的顾客需求信息进行分析，输出顾客对产品的质量需求；第二，根据质量需求企业执行产品制造过程，保证产品质量，输出满足顾客需求的产品；第三，企业将实现的产品质量，一般为产品或者技术服务传递给顾客，这个过程会加强企业与顾客间的紧密联系；第四，企业对产品实现过程中，以及质量交付后产生的信息进行反馈以挖掘并获取新的需求信息，从而进入下一个质量循环。其中，内部实现与质量交付过程是由技术驱动的，由内部质量实现过程到外部顾客价值实现；而顾客反馈和需求输入是由顾客需求驱动的，由外部质量需求成为内部质量系统的输入。

当企业没有处于“双向资源依赖”的环境下时，企业依靠自主创新来完成企业内部质量实现过程的时候，质量循环过程最大的驱动力来自企业本身。在自主创新驱动下，企业的价值传递过程中企业的能力不足很快被企业发现，并通过自身的创新系统进行能力补缺。那么，价值传递过程推动了能力补缺的过程，同时，能力补缺的过程又促进了价值实现，从而形成闭环的“价值-能力”双向循环系统，如图 3-7 所示。

在反应型市场导向下，由于后发企业处于“双向资源依赖”下，一方面企业的需求输入并不是完全依靠自身的技术自主创新转化成内部实现过程，而是加入了技术引进环节，从外部引进技术然后进行简单消化后转入下一步内部实现环节。另一方面，由于与顾客的紧密联系，顾客直接将显性需求告知企业。因此，企业的价值循环过程中出现了两个替代环节：一个是在需求输入到内部实现环节中，技术引进替代了原来的自身创新环节的能力补缺；另一个是在质量交付后的顾客反馈环节中出现了顾客直接将需求告知企业的顾客需求环节，此处的顾客需求是顾客的显性需求。

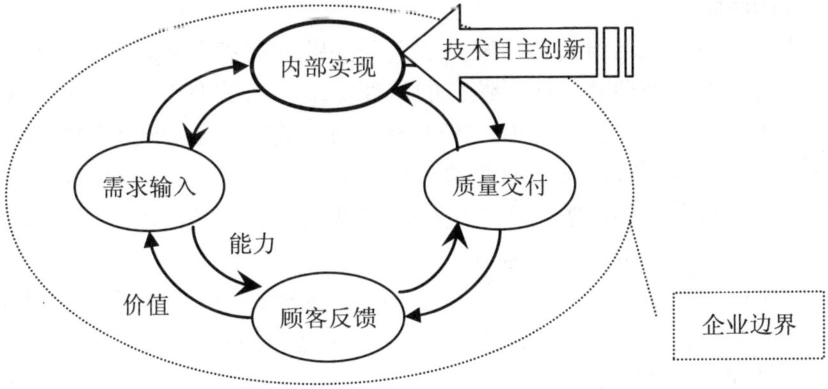

注：箭头 ⟶ 表示价值转移过程，箭头 ⟶ 表示能力补缺过程。

图 3-7 “价值-能力”双向循环系统图

技术引进过程能够帮助企业快速从外部获取技术，与企业原有技术能力相结合，按照市场需要快速完成生产、交付环节，并形成新的需求与订单，从而进入下一个价值循环过程。技术引进带来了该双向循环过程的部分开放，出现了两个替代通道。第一，技术引进过程在价值循环中让更广阔的需求能够在企业内部得以实现，也拉动了更多的顾客沟通、交流和新需求的进入；但同时，技术引进所建立的渠道却会抑制能力补缺反向循环过程中“内部实现”直接作用于“需求输入”，也就阻碍了对需求输入的引导、影响和开发的能力发展。第二，顾客对企业的依赖过程在价值循环中让质量交付更容易转化和激发新的需求，使得顾客更愿意主动与企业进行互动，让更多的需求变成协议和订单，不断拓展内部质量实现的输入；但同时，顾客需求所形成的通道却会抑制能力补缺反向循环过程中“顾客反馈”直接作用于“质量交付”，也就会抑制企业产品的交付能力和服务能力的提升。

特别是当外部市场出现突发式的增长时，顾客的需求被清晰表达，顾客不断为企业输入需求，大量的交流信息被转化为协议、订单。顾客需求借助技术引进一起作为输入进入产品质量的内部实现过程，而内部实现又把这种压力转移到“质量交付”过程，“质量交付”继续把压力转嫁给了对顾客的依赖性，而顾客通过“顾客反馈”类事件直接作用于企业应对“顾客反馈”的能力补缺过程。那么，企业在这个过程中，只需要被动地接受顾客需求（显性需求），将顾客需求（显性需求）很快转化为订单，而又通过技术引进将顾客需求（显性需求）转化为产品交付给顾客，从而完成整个质量循环，原有的“价值-能力”循环被彻底阻断。

基于先动型市场导向的后发企业会关注顾客的潜在需求，而对顾客潜在需求关注的基础就是理解、认识顾客的显性需求。先动型市场导向的企业目标不仅仅是将顾客需求转化成订单，产生短期的绩效；而是通过对顾客潜在需求的开发，从而引导顾客，使企业对顾客的依赖转化为顾客对企业的依赖。那么在企业内部就存在两种需求的实现通道，也就是既有显性需求的价值传递通道，也存在潜在需求的价值传递通道。

在实现顾客显性需求的“价值-能力”传递通道中，后发企业仍然按照反应型市场导向进行，在此不再赘述。笔者在此主要是讨论实现顾客潜在需求的“价值-能力”通道。首先，在价值实现过程中，由于顾客的潜在需求没有被清晰表述出来，因此从外部引进的技术无法直接应用于价值系统中，从而迫使企业进行技术上的创新。那么在技术创新过程中，也就使得反向的能力构建过程得到加强，正向的价值传递过程也进一步加快。同时，虽然存在顾客需求的替代通道，但是由于顾客需求仅仅表示顾客的显性需求，而潜在需求需要在企业与顾客的紧密关系中不断的挖掘，那么质量交付后的顾客反馈就显得尤为重要，是产生顾客潜在需求的源泉。顾客潜在需求的价值传递通道增强了企业能力补缺过程中“顾客反馈”直接作用于“质量交付”，进一步促进企业产品的交付能力和服务能力；同时，顾客需求（显性需求）让质量交付更容易转化和激发新的需求，使得顾客更愿意主动与企业进行互动，让更多的需求变成协议和订单，从而不断拓展内部质量实现的输入。

当外部市场需求发生变化时，仅仅是基于显性需求的价值传递通道被阻断，而存在于系统中的潜在需求的价值传递通道仍将发生作用。从而将潜在需求的价值传递通道转变为显性需求的价值传递通道，形成新的“价值-能力”循环回路。企业在市场需求发生变化的过程中，不但没有面临企业破产的危险，反而增强了企业应对动态环境的能力。

在“双向资源依赖”背景下，后发企业的市场导向的演进模型被抽象成后发企业与环境，特别是与顾客互动的过程中。企业内部两个并行存在的创新系统同时作用于企业，表现出不同的市场导向行为。

3.3 小 结

笔者从资源依赖理论两个维度——相互依赖和非平衡力入手，分析了后发企业与技术领先企业和顾客间的依赖关系，即依赖于技术领先企业的技术引进和国内顾客的需求。又由于在相互依赖中过多地表现出后发企业对技术领先企业和顾客的过分依赖，从而导致了非平衡力。而在后发企业所处的外部环境中，竞争对手作为一个重要的利益相关者必须考虑在内。在后发企业“外部资源依赖”结构中，竞争对手又进一步对后发企业所处的外部“双向资源依赖”格局产生重大影响。后发企业面对的来自技术领先企业和顾客的“双向压力”随着竞争对手对后发企业的压力增加而增加；反之，“双向压力”随着竞争对手对后发企业的压力减少而减少。本书通过对后发企业与技术领先企业、顾客、竞争对手间的权利关系的分析，构建出后发企业“双向资源依赖”格局下的权利关系理论模型。以“双向资源依赖”为背景，构建了基于“双向资源依赖”后发企业市场导向的理论模型、基于“双向资源依赖”的后发企业市场导向的两种行为倾向理论模型、基于“双向资源依赖”的后发企业市场导向过程演进理论模型等三个维度的理论模型，构成了本书的核心理论模型和研究脉络。

4 “双向资源依赖”下后发企业市场导向的行为倾向研究

后发企业在短短的几十年时间里实现了技术和市场能力的追赶。相比西方成功的跨国企业，后发企业的技术能力仍然落后，根源主要是来自两种劣势：第一，在技术上后发企业远离技术创新的中心；第二，在顾客需求上后发企业远离主流市场。为了弥补企业的这两种劣势，后发企业的生存和发展不得不与外部资源产生强烈的依赖，从而使后发企业面临“双向依赖”关系：后发企业技术上依赖国外技术领先企业的知识、技术传递；市场上依赖与本国市场的紧密联系。相应地，后发企业的创新资源配置也面临双重外部压力：技术上的“后来者劣势”和现有顾客权力。

后发企业的竞争优势大多都依赖技术领先企业的技术资源和本国顾客的市场资源从提升自身的技术能力和市场能力。但是，技术领先企业为了防止可能存在的机会主义行为，会对技术进行保护，通过不断的技术升级、产品革新来提高技术难度，从而对后发企业产生技术上的压力。技术领先企业不但通过技术输入来对后发企业产生技术上的压力，同时技术领先企业也通过直接进入后发企业所在市场，从而对后发企业产生市场上的压力。

顾客作为后发企业掌握的核心资源，是后发企业赖以生存和发展的根本，也是和技术领先企业进行交换的重要筹码。同时，顾客需求的变化也成为企业搜索和获取外部知识的一个重要促发机制。后发企业从外部搜索技术进行资源配置和创新活动，这些活动都受到现有顾客的压力。同时，由于处于信息化的时代，顾客也可以很快地掌握最新的技术动态，从而向企业提出更高的技术需求，进一步加深企业对技术领先企业间的依赖关系。

后发企业与竞争对手之间存在着竞合关系。在面临技术领先企业对市场的渗透和控制时，后发企业与竞争对手一起构筑市场壁垒防止外部力量的进入。在市场内部，后发企业与竞争对手之间互相抢占市场，争夺顾客，从而形成了激烈的竞争关系；同时，竞争对手也通过与外部技术领先企业建立联系来影响顾客权力，加剧了后发企业对外部的“双向资源依赖”。

综上所述，后发企业依赖于技术领先企业的技术资源和本国顾客的市场资源来提升自身的技术能力和市场能力，以形成企业竞争优势。技术领先企业和顾客分别通过设置壁垒和增加顾客权力来增加对后发企业的技术创新压力，竞争对手通过与外部技术领先企业建立联系来影响后发企业与顾客间的权利结构，加剧了后发企业对外部的“双向”依赖。后发企业与技术先进企业、竞争对手、顾客之间的权利结构关系，详见图 3-4。

4.1 后发企业的两种市场导向选择倾向

后发企业处于“双向资源依赖”的环境下，本书主要研究的是后发企业与顾客间的关系，及基于不同市场导向下的能力构建过程。因此，以下笔者主要分析后发企业对顾客需求的选择，即后发企业对市场导向的选择倾向。

顾客是后发企业的重要资源，顾客为后发企业生存提供必需的资源。而后发企业通过满足顾客的需求寻求生存和发展。顾客的需求分为显性需求和潜在需求两种。显性需求是顾客已经清晰意识到的需求，或者清楚地知道如何才能解决该需求，如顾客可表达的需求是“口渴”，那么直接的解决方案就是获得“水”。可表达的需求不仅包括能清晰表达出来的需求，同时也包括对该需求的潜在解决方案。而潜在需求是顾客没有意识到的需求，这种需求并不比显性需求的吸引力差，只是顾客没有意识到这种需求。比如，在计算机发展的开始，对于个人电脑的便利性需求并没有被意识到，因此这就是一种潜在需求。

从顾客角度出发的显性需求和潜在需求，对于后发企业来说就转化成反应型市场导向和先动型市场导向。反应型市场导向主要是企业发现、理解、并满足顾客的显性需求。先动型市场导向主要是企业发现、理解并满足顾客的潜在需求。对于后发企业来说，关注顾客的显性需求，企业可以获得好的绩效，也就意味着解决了企业的生存问题；而如果只关注顾客现有需求，就会使得后发企业陷入“创新歧途”，企业以后的发展就受到很大的局限，也就意味着企业的持续发展问题未得到解决。而先动型市场导向包含了从现有顾客或者潜在顾客中发现、获取潜在需求的过程。由于先动型市场导向聚焦于顾客的潜在需求，那么就要求企业对顾客需求有更深的洞察。由于企业对顾客的需求是高于顾客可表达的需求，从而使得企业能够引领顾客，对顾客需求产生引导作用。一般来说，对顾客需求的理解能够达到潜在需求的程度，那么对于顾客的显性需求也就非常清晰。

因此，笔者的一个重点研究对象就是后发企业处于“双向资源依赖”的背景下，企业对于反应型市场导向和先动型市场导向的选择。也就是到底后发企业是选择主要针对顾客提出的显性需求做出及时的反应，还是在对顾客需求进行深挖掘，洞察出顾客本身都无法意识到的潜在需求，从而引导顾客需求。（关于后发企业“双向资源依赖”结构与市场导向倾向选择关系详见图 3-6）

4.2 研究模型

本书运用政策捕获的研究方法来研究后发企业管理者的市场导向行为倾向，后发企业的“双向资源依赖”格局是本书的决策情景。“双向资源依赖”关系的具体刻画通过对后发企业、技术领先企业、顾客和竞争对手的主要属性的刻画来表现，随机打分形成 30 个相互独立的决策情景。每个单独的决策情景就是后发企业所面临的外部“双向资源依赖”格局。后发企业管理者面对的企业内外部的复杂关系，被统一到“双向资源依赖”格局中，同时，通过对一系列不同决策情景的决策过程的研究总结，进一步规避了后发企业管理者受自身企业的影响，从而做出正确决策，更加符合政策捕获准实验研究的规范。依据本研究的主要目标，构建后发企业市场导向行为倾向的研究模型，如图 4-1 所示。

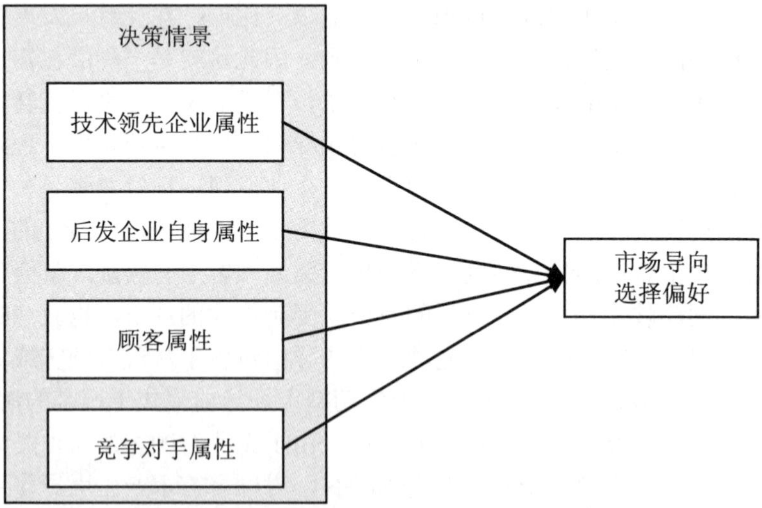

图 4-1 后发企业市场导向行为倾向的研究模型

4.3 研究假设

4.3.1 顾客压力与后发企业市场导向行为倾向

资源依赖的基本假设是所有的组织都必须与外部组织进行交换，即企业的生存必须依赖于从外部环境获取关键资源的能力，从而才可以生存并发展。在与外部环境进行交换的过程中，稀缺的异质性资源对组织是至关重要的，是组织运行必不可少的，因此，组织对稀缺的异质性资源的需求就存在着强烈的依赖性。而组织对外部依赖性的强弱就由企业本身所需要的资源的稀缺性和重要性决定。当组织所需的资源没有其他替代物，而又对该资源强烈需求，且该种资源非常稀缺，那么该组织就高度地依赖于这种资源。一个组织对另一个组织或者机构存在资源依赖时就会影响组织间的关系。当一个组织对另一个组织的依赖性不对等时，那么他们之间的权利也就变得不对等。因此，对资源依赖关系结构的考查，可以从权力不平衡或依赖不对称与相互依赖或共同依赖的视角来理解。从权力不平衡和相互依赖两个维度来刻画资源依赖关系，权力不平衡是指行为者依赖关系的差异；相互依赖则描述了两个行为者间双边的依赖关系，而不考虑这种双边的依赖关系是否均衡。简言之，Gulati 和 Sytch 从依赖不对称和共同依赖来描绘资源依赖关系，依赖不对称是行为者彼此间依赖关系的差异，共同依赖则是依赖关系的总和。

对于在权力依赖关系结构中的后发企业，当存在对顾客的依赖时，势必影响后发企业管理者的判断与决策。当顾客依赖足够大时，后发企业就必然会受到顾客胁迫以至于影响到后发企业的战略。Christensen 和 Bower 认为技术领先企业之所以在破坏性技术出现后往往失去企业的领先地位，就是因为对顾客的依赖过大，企业的主要焦点集中于当前顾客，满足当前顾客需求就成为了企业的首要任务，以至于资源匹配上也没有办法跟随技术变迁，从而在遇到大的技术变更的时候，领先企业就会失败甚至退出市场。

在不同的市场结构中，后发企业与顾客的权力依赖关系也会表现出不同。在垄断的市场结构下，垄断企业在顾客的权力依赖关系中处于明显的主导地位，而处于不完全竞争的市场结构下的后发企业一般不具备这种优势，更多的是通过对顾客需求的识别、满足或创造新的顾客需求来影响与顾客的权力依赖关系。Gayle 发现随着市场集中度的提高，顾客权力也会提高，从而后发企业会分配更多的资源进行创新活动。在权力不平衡或依赖不对称的关系中，权力优势一方相对于权力劣势一方拥有更高的讨价还价的能力。对于后发企业与顾客，当后发企业受到自身资源和能力的约束程度越高，顾客可能处于权力优势一方，具有更高的讨价还价的能力，而后发企业则处于劣势，从而表现出对顾客当前需求的快速反应。资源依赖关系对权力不平衡或依赖不对称的论述也表明权力不平衡或依赖不对称能够让处于主导地位的一方影响处于弱势的一方，并能够获取更多的收益。顾客是后发企业赖以生存的根本，后发企业的外部知识搜索、资源配置、技术创新、市场战略等都会受到来自现有顾客的影响。当顾客处于权力优势一方时，这时顾客施加给后发企业的压力会更大，甚至后发企业会由于顾客压力过大而受到“顾客强迫”。同时，由于后发企业过分关注顾客需求，而导致后发企业不能有效地制定并实施战略，出现创新战略惯性，从而进入创新者困境。

顾客压力主要通过顾客需求的方式表现出来：一方面表现为顾客对自身需求反馈的能力；另一方面表现为顾客对新技术的需求程度。从市场导向的视角来看，顾客需求可以简单划分为显性和潜在两种需求。而反应型市场导向针对顾客的现有需求，先动型市场导向对应顾客的潜在需求。顾客显性需求是指顾客能清晰意识到的并能够被表达出来的，而顾客潜在需求是指顾客没有意识到的需求，并不存在于顾客的潜意识里。

当后发企业意识到对顾客的依赖过强的时候，为了降低因对顾客的过度依赖而带来的顾客压力，后发企业通过制定反向战略以抑制顾客压力对企业的反作用力，从而使企业从被动状态转为主动状态。由于在与顾客的权力依赖关系中处于不利地位，后发企业会试图改善其劣势地位，一般会通过采取单边或双边的重构，如开发新产品或新的细分市场或新的顾客群，从而引导顾客需求，使后发企业在与顾客的权力结构中处于有利地位。而这样做的前提条件是后发企业必须满足顾客当前的需求。当对顾客依赖很强的时候，顾客对于企业的压力也会很大，那么后发企业为了缓解来自顾客的压力，就会针对顾客的需求不断地满足顾客，从而缓解顾客压力。

后发企业在双向资源依赖的结构中，企业的首要任务就是在“夹缝”中生存下去，那么企业创新的动力首先是以现有顾客需求为导向的。后发企业就会更加关注顾客的显性需求，因此企业会配置尽可能多的资源为顾客提供顾客满意的产品和服务。顾客有效反馈需求的能力越强，说明顾客对自身需求有清晰的认识，顾客通过把自身的需求信息反馈给后发企业，期望企业能够更好地满足自身的需求，如果后发企业不能将顾客反馈的需求信息及时转化为产品或服务，那么顾客就会转向后发企业的竞争者。因此，后发企业必须快速而高效地满足顾客当前的需求。后发企业选择反应型的市场导向聚焦于通过利用企业现有的知识和经验，以更好地理解当前顾客及其显性需求，并减少了问题解决中出错的可能性，确保结果更可靠。由此得到以下假设：

顾客有效反馈需求的程度越高，后发企业越倾向于选择反应型市场导向。

来自于顾客对新技术需求的顾客压力表现为顾客对新技术的偏好，当市场上出现新技术，而顾客对于新技术的需求程度很高时，就会促使后发企业对创新行为加大投入或者通过技术购买、技术模仿等获取外部的先进技术，顾客对新技术的明显需求会对后发企业的市场导向选择产生压力，使得后发企业必须以快速且高效的方式满足顾客的当前需求，因此，无论是后发企业内部的自主研发还是从外部获取新技术都是为了满足顾客当前的显性需求。按照 Narver 等人和 Atuahene-Gima 等人等对市场导向的区分，他们认为反应型市场导向是针对顾客可表达出来的现有需求的发现、理解和满足，而先动型市场导向是对顾客潜在需求的发现、理解和满足，潜在需求反应的是未知的顾客价值。因此，反应型市场导向是针对由顾客主动发起的需求，而先动型市场导向是针对由企业引导的需求。由此得到以下假设：

顾客对新技术的需求强度越高，后发企业越倾向于选择反应型市场导向。

顾客压力还表现为顾客与后发企业讨价还价的能力。顾客转换成本和顾客需求的标准化程度在一定程度上代表了顾客讨价还价的能力。当顾客转换成本较低时，顾客可以在后发企业与其竞争者之间来回转换而不需要付出很高的成本，后发企业就处于劣势的一方。这种情况下，后发企业必须不断地为顾客提供新产品，快速而有效地满足顾客需求，从而维持企业的顾客群。当顾客需求的标准化程度越高，就意味着顾客可以从多渠道满足自身需求，这时顾客可以给后发企业施加更多的压力。

交易成本理论认为讨价还价的过程会产生企业的交易成本，如议价成本、谈判成本等。当顾客处于权利依赖关系中具有优势的一方时，其讨价还价的能力就越强，而后发企业则处于不利地位，相对于顾客，其承担由讨价还价的而产生的成本就越多，促使后发企业为减少成本的压力，必须及时满足顾客当前的需求，从而倾向于采用反应型的市场导向。由此得到以下假设：

顾客与企业的讨价还价能力越高，企业越倾向选择反应型市场导向。

后发企业的双向依赖结构中，与顾客的资源依赖关系不仅表现出非均衡的权利，同时作为后发企业与顾客的相互依赖关系也是后发企业重要的资源，有助于后发企业与顾客建立紧密的联系。Casciaro 和 Piskorski 从相互依赖和共同依赖的维度刻画资源依赖关系，相互依赖、共同依赖是对两个行为者间双边的依赖关系的描述，是依赖关系的总和，而不考虑这种双边的依赖关系是否存在权力不均衡。相互依赖或共同依赖隐含了后发企业与顾客在获取双方的信息的过程中存在相同的不确定性，在相互依赖程度较低的情况下，对于某一细分市场的顾客而言，后发企业通过建立与其他细分市场顾客的良好关系，避免因该细分市场的顾客需求未得到有效满足而影响后发企业整体的绩效，但是，后发企业需要花费较高的成本来维护其他的细分市场。同样，该细分市场的顾客可以转换到后发企业竞争对手的市场而使自身的需求得以满足。在相互依赖程度较高的情况下，后发企业高度依赖该细分市场的顾客，该顾客群对后发企业的生存至关重要，同样，对该细分市场的顾客而言，后发企业是为其提供产品或服务的单一来源，其竞争对手不能有效地满足该顾客群的需求，有助于建立顾客忠诚。同时也有助于后发企业更好地识别和理解顾客需求。因此，后发企业总是愿意建立与顾客间的紧密关系，与顾客间的紧密关系会使得顾客将与后发企业的关系界定为并不仅仅是一般性的合作关系，更多的是一种战略伙伴关系。顾客无法表述的一些需求通过多次反复的沟通过程被企业所感知，因此，也可以把后发企业与顾客间的紧密联系作为缓解顾客压力的一种缓冲机制。在这种缓冲机制下，后发企业有足够的时间和机会去接触顾客，从而去发现、理解和满足顾客的潜在需求，同时对顾客可表达的显性需求的发现、理解和满足也有积极的影响。

先动型的市场导向是一种发现的过程和理解顾客潜在需求的过程，而通常惯用的市场调查，以及问卷等顾客需求获取方式无法获知顾客的潜在需求，只有在与顾客保持紧密关系，而且这种强联系没有变成“顾客强迫”的情况下，才可能挖掘出顾客的潜在需求。因此得出以下假设：

当顾客与企业间的关系越紧密，后发企业对反应型的市场导向的偏好减弱。

4.3.2 后发企业自身能力与市场导向的行为倾向

在当今环境下，对后发企业的创新能力提出了新的更高的要求，而创新是对知识和资源的重新整合与创造，不仅需要企业自身拥有的资源，还需要企业通过从外部获取新的知识进行跨组织间的学习。因而，对于后发企业如何从外部获取知识，如何将吸收来的知识消化、转换，以及利用就成为了关注的重点。

Cohen 和 Levinthal 提出的吸收能力包括企业对外部知识的评价和消化，并最终将外部知识商业化的能力。他们认为吸收能力是企业 R&D（研究与发展）活动的副产品，R&D 不仅产生了新知识，而且促进了吸收能力的形成。因而，企业 R&D 能力反映了其吸收能力的强弱。反过来，吸收能力通过对外部新知识的识别、评估、消化和应用也不断增强企业的 R&D。Cohen 和 Levinthal 认为吸收能力还表现在企业对外部知识的监测，并保证外部知识能够被整合到企业技术能力中。Van den Bosch 等人指出吸收能力具有一个扩展的螺旋逻辑：吸收能力促进学习，而学习又产生更多的吸收能力。基于此，Lane 等人认为吸收能力发挥的是“漏斗”的作用。Zahra 和 George 研究了基于过程的吸收能力，认为吸收能力是企业获取、消化、转换和利用知识以产生动态的组织能力的一系列惯例和流程，包括知识获取、知识消化、知识转换和知识利用四个维度。但同时指出现实的吸收能力（知识转换和利用能力）通过转换和利用已被消化的知识并将其融入企业的运作中，进而改进了企业绩效。可见 Zahra 和 George 关于吸收能力的研究更强调了对知识的利用。基于此，Lane 等人认为吸收能力发挥的是“管道”的作用。

Lane 等人指出吸收能力作为“漏斗”，可以让企业更广范围地搜索知识，以能够满足其特定的需要。吸收能力作为“漏斗”是要求企业持续地从外部搜索知识，根据企业的需要筛选出有用的知识，再对这些从外部获取的知识进行消化、转换，并最终实现商业化。如果后发企业的研发能力较强，就能更高效地从外部获取有价值的新知识，更能发挥吸收能力作为“漏斗”的作用。在更广范围内搜索并获取新知识，以确保知识利用的效果，是一种探索式的学习过程，这个过程使后发企业更加关注未来。因而，后发企业能够识别、发现、理解并满足顾客的潜在需求，更倾向于先动型的市场导向。而先动型的市场导向也被认为是探索式学习行为，包括了对超过企业原有的经验和知识范畴的新的多样化信息与知识的搜索。因此，当后发企业研发能力较强时，后发企业更倾向于选择先动型市场导向。

同时，吸收能力也作为基于知识利用效率的“管道”，表明后发企业消化和利用外部知识的能力控制了其理解、监测的知识宽度。也就是说，后发企业更关注于对外部知识的利用，关注的是企业短期的绩效。当后发企业研发能力较弱时，其没有能力进行更广范围的探索式学习，而企业更愿意在自身原有知识和经验的基础上进行深度的利用式学习。因而，后发企业能够在现有的知识和经验的基础上对当前顾客及其显性需求进行深度理解和满足，因而更倾向于反应型的市场导向。而反应型市场导向被认为是利用式学习行为，以提炼、效率、执行等为特征，包含了与企业现有经验和先前知识密切相关的外部知识的利用。可见，当后发企业的研发能力较弱时，后发企业更倾向于反应型的市场导向。因此得出以下假设：

当研发能力越强，后发企业越倾向于选择先动型市场导向，反之，则倾向于反应型市场导向。

后发企业对市场的快速响应，要求对顾客表达出来的需求能够及时回应，并在现有资源的基础上，为顾客提供其所需的产品或服务。由此可见，后发企业对市场的响应反映了其在现有资源的基础上的知识利用活动，能够让后发企业仔细研究与顾客相关的信息和问题。吸收能力作为"管道"强调了对现有知识基础的利用，而反应型的市场导向也使后发企业以现有经验和先前知识为基础来发现、理解和满足顾客需求。同时，Cohen 和 Levinthal 认为企业具有的宽度吸收能力有助于后发企业在更广的范围内监控日益变宽的知识范围，因而，更有助于后发企业在市场上进行知识搜索，更能够及时获取顾客的需求信息，提升后发企业响应市场的能力，更好地满足当前市场的需求。当后发企业响应市场的能力较强时，后发企业能够以原有的知识、经验和能力以最快的速度响应市场的需求。通过对现有市场已有知识的搜索，后发企业管理者可以很快将企业所具备的能力与新兴市场上所要求的能力进行对比，从而发现企业的能力缺陷，并在此基础上发现企业需要开发的新能力。同时，资源基础观也强调企业的内部能力是多种力量交织在一起的，其中包括了市场、市场中有效机会和现有能力局限的交互作用。Barney 和 Zajac 指出当企业考虑如何克服特定的竞争挑战时，他们将发展潜在的有价值的资源和能力。Cockburn 等人指出借助企业内所具备的能力对外部市场进行响应是企业竞争能力的源泉。而这就要求管理者对外部环境信号具有很高的敏感度，能快速捕捉到市场信息。这种敏感性有助于企业对市场的感知，进而能够及时地响应市场。因此，市场的响应能力是针对现有顾客可表达出来的需求的满足。因此得到以下假设：

当后发企业的市场响应能力越强，后发企业越倾向于选择反应型市场导向。

后发企业创造需求的能力是在满足现有顾客需求的基础上不断满足顾客潜在需求的能力。根据顾客需求的可表达性将顾客需求分为显性需求和潜在需求，由此将市场导向划分为反应型市场导向和先动型市场导向。反应型市场导向主要应对顾客显性需求，先动型市场导向主要应对顾客潜在需求。而创造需求就是在不断满足现实需求的基础上发掘顾客的潜在需求。因此，后发企业创造需求主要是为了满足顾客的潜在需求。

顾客需求是动态演变的，根据马斯洛的动机理论，顾客的动机就构成了顾客需求演变的基本内因。当顾客现有需求得到满足后，顾客需求就会发生变化，后发企业必须识别、理解和发掘顾客需求的演变规律，才能更好地满足顾客未来的潜在需求。现代市场竞争日益激烈，也促使后发企业主动地创造需求，以在市场上占据有利位置。因此当后发企业能够有效创造需求时，后发企业更倾向于先动型市场导向。

后发企业在创造需求的过程中，要在现有顾客需求的基础上去发现、挖掘顾客的潜在需求，这也是一个加深对顾客现有需求理解的过程，有助于后发企业更好地满足顾客的当前需求。这就意味着先在满足顾客现有需求的基础上，才有可能进一步地满足顾客的潜在需求。如果连现有需求都无法满足，更不可能去识别、创造、满足潜在需求。后发企业创造需求的过程是顾客现有需求和潜在需求先后被发掘的过程。因此，当后发企业能够有效创造需求时，后发企业就倾向于选择先动型市场导向。基于此，得到以下假设：

（1）后发企业创造需求的能力越强，后发企业倾向于先动型市场导向；

（2）后发企业创造需求的能力越弱，后发企业倾向于反应型市场导向。

后发企业要想在市场中获得长期发展，就必须不断构建自己的竞争优势。因此，后发企业创造需求的最终目标是为满足顾客的潜在需求，在市场上建立新的竞争优势，保持企业持续发展。而为满足顾客潜在需求的新产品的开发本身就有助于在市场上创造新的顾客需求。Tsai 等人认为不管是反应型市场导向还是先动型市场导向都是新产品绩效重要的决定因素。他们认为反应型市场导向不足以确保新产品的成功，而先动型市场导向则对新产品的成功起到重要的作用。Atuahene-Gima 等人认为当企业的学习导向和市场力量较强时，先动型市场导向对新产品绩效的正向影响意义将会增强。而反应型市场导向只有在特定的条件下，才能够对新产品绩效产生积极影响。基于此，提出以下假设：

当后发企业创造需求的能力较强时，后发企业对先动型市场导向的偏好超过反应型市场导向。

在构建后发企业双向依赖的背景下，分别从技术领先企业、后发企业、竞争对手，以及顾客四个层面去探析后发企业的市场导向选择倾向问题。分别以资源依赖理论、基于过程的吸收能力理论和二元性为理论基础，提出以下的假设：

（1）顾客有效反馈需求的程度越高，后发企业越倾向于选择反应型市场导向；

（2）顾客对新技术的需求强度越高，后发企业越倾向于选择反应型市场导向；

（3）顾客与企业的讨价还价能力越高，企业越倾向选择反应型市场导向；

（4）当顾客与企业间的关系越紧密，后发企业对反应型的市场导向的偏好减弱；

（5）当研发能力越强，后发企业越倾向于选择先动型市场导向，反之，则倾向于反应型市场导向；

（6）当市场响应能力越强，后发企业越倾向于选择反应型市场导向；

（7）后发企业创造需求的能力越强，后发企业倾向于先动型市场导向；

（8）当后发企业创造需求的能力较强时，后发企业对先动型市场导向的偏好超过反应型市场导向。

4.4 研 究 方 法

4.4.1 政策捕捉方法

政策捕捉方法是一种准实验方法，是为了分析、研究被试者如何在特定情景下基于多种信息来源对决策因素做出判断的一种研究方法。政策捕捉方法要求给被试者（研究相关背景下的管理人员）提供一系列特定的研究情景和内容，允许管理者根据其所在的组织背景，以及这些特定背景去做出判断。它是研究决策的方法，目的是揭示哪些信息影响决策。政策捕捉对捕捉管理者的判断政策具有独特的优势，尤其是当决策模型包含了多个决策标准时。政策捕捉准实验方法的目标与传统的实验研究设计相似，都是要揭示管理者当前的判断并预测未来可能的行动。政策捕捉研究的关键是聚焦于管理者个体的判断。York 指出在实验设计方面政策捕捉方法也显示出其优越性，政策捕捉是一种组内实验设计，单个管理者个体接收到很多"刺激"，要对所有的"刺激"做判断，因而可以捕捉到更多的信息。而传统的组间实验设计，参与个体接收的"刺激"较少，因而获得的信息量相对于政策捕捉的实验设计要少的多。

Tyler 和 Steensma 的政策捕捉方法被认为是利用管理者潜在的认知，减少了社会期许的偏差，因而比其他的研究方法更客观。而且，管理者并不清楚自己的主观判断对于最终决策有多么重要，事实上，所有信息的重要性最终是从回归分析中推导出的。同时，管理者在被提问过程中，设定的情景包含了比"现实世界"做决策时还要多得多的信息量，因此管理者缺乏对决策规律的自我洞察。因而，政策捕捉方法能够比较客观地评估每个不同个体的决策。这样就在一定程度上克服了主观因素对于研究的不利影响。另外，该方法的外部效度也通过事后访谈被进一步确认，表明政策捕捉模型准确地表现了决策制定者的行为。因此，政策捕捉方法对于决策模型非常有效。这种方法也已被广泛地应用于组织研究中以塑造决策过程。这种准实验的设计能够让我们灵活地协调控制实验对象和利用自然场景之间的组合，找到最具说明性的答案。同时，政策捕捉让管理者直接对一系列的决策情景进行判断，从而可以还原管理者在进行战略决策时容易被忽略的细节。

政策捕捉方法在其他研究领域也被广泛应用，如在质性研究中，也取得了一定的成果。以下几位学者做出了代表性的研究成果。Sherer 等人以一个私立医院为研究特定背景，分析管理者如何做出薪酬涨幅的判断，参与该项研究的管理者也可叫做“裁判员”，他们事先获知一系列雇员的信息后，让这些“裁判员”去判断是否可以根据需求增长这些雇员的薪酬。Hitt 和 Barr 的研究是另一个政策捕捉方法的优秀案例，他们的研究评估了哪些因素决定了求职者对工作的判断和相应的薪酬问题。研究管理者或者“裁判员”是由 66 位经理人组成，根据事先准备好的求职者的求职信和视频资料做出判断。甚至在医学方面该方法也得到了很好的应用。

传统的二手数据回归分析，仅仅针对已经发生的决策能获取管理决策者做决策的间接证据，且这些方法不能有效地揭示管理者进行决策时的细节内容。而且从二手数据来分析获取的管理理论，大多是从已经发生过的决策判断来进行分析，对于未曾发生或者正在发生的决策判断没有办法从二手数据中得出。

而对于常用的问卷调查、访谈方法等也存在很大的弊病。如管理者对于决策模型的认识、过去的经验与记忆，以及研究对象的限制都形成了对于传统的问卷与访谈的不利影响。第一，管理者一般缺乏对理论的把握，缺乏从决策模型的角度来探讨市场导向选择问题；第二，管理者大多通过以往经验来回忆当初决策时候的情景，难免由于时间长等一些客观因素造成偏差；第三，由于受到实际的限制，一般市场导向决策是企业高层来做，而实际研究中能接触到的管理者大多是企业中层，或者部分高层，而对于这一层次的管理者来说，通过问卷调查和访谈从他们那获取的数据来反映企业的市场导向选择本身就缺乏说服力。另外，通过管理者个体访谈，管理者可能不能准确地描述影响判断的因素。特别是对于市场导向选择这样的战略性问题，如果想要展开大规模的问卷调查或者访谈，对于调查对象的选取和获取就是一个很艰难的工作，需要大量的企业高层参与该研究，这样的现实就使得研究困难重重，甚至无法实施。因而，根据研究的需要，以及现实情况，我们选取政策捕捉的方法。

当然，政策捕捉的方法自身也存在一定的不足。第一，政策捕捉是基于概率功能主义的直觉理论的一种独特的统计方法，因而受到个体差异的影响。根据概率功能主义，研究者设计出的实验要确保让被试者感兴趣，若该行为根据实验需要发生是存在一定困难的。第二，一次性让管理者做如此多的判断可能会扭曲其判断过程，管理者需要对多达几十种情景下的决策进行判断，因而在一定程度上会对管理者的判断产生影响，进而影响其判断的准确性。第三，让管理者完全地理解笔者的研究问题也是不可能的，管理者对问题的理解对其判断过程有重大影响。另外，管理者对待实验的态度也会影响其判断过程。再加上管理者对因变量判断的数值的大小变化感到非常复杂，而自变量的变化有限，难以通过自变量间的运算来检验自变量的调节和交互作用。

笔者选用政策捕捉方法不仅符合政策捕捉方法应用的范围，而且克服了常规研究方法的不足。因此，本书最终选择了政策捕捉方法来研究后发企业在“双向资源依赖”背景下的市场导向选择问题。

4.4.2 政策捕捉过程

分析后发企业在双向资源依赖下的市场导向选择需要一个准确地定义影响因素的过程，必须开发出能够复制后发企业管理者对市场导向吸引力与可能性的判断的决策模型，其结果是对管理者的认知模式的定量化表示。笔者应用政策捕捉的过程来捕获后发企业管理者对市场导向的判断，是对决策者判断政策的精确程度和定量化的识别过程。根据 Hitt 和 Middlemist，以及 Arceneaux 等人的研究，政策捕捉的过程要根据研究问题对决策因素有透彻的理解和识别。第一，主要通过文献梳理并回顾关于市场导向的文献，选取一系列主要的决策因素指标，这些指标应该是影响管理者进行市场导向选择的判断。第二，组织本领域的专家和参与与本研究相近决策的企业的管理者进行访谈，以验证本研究的基本原理和决策因素的表述规范，增删部分因素，确保全面地识别一系列决策因素。第三，按照研究框架形成情景量表，并给每个因素由高到低用 5 分量表打分，然后通过随机数列为每个因素赋值，从而构成相同因素不同分值表示的不同的情景。大多数的问卷都采用李克特式量表，根据以往的研究经验，在绝大多数情况下研究中应用 5 分量表得出的研究过程是最可靠的。而所研究的决策问题按照由低到高的 7 分量表进行刻画，并让管理者根据上面提供的特定的情景给出自己的决策判断，并根据自己的判断对决策偏好打分。第四，为了管理者能更好地理解需要做出的决策，要用容易理解且准确的表述来解释决策偏好。需要给管理者提供一系列的决策情景，即决策因素的水平根据不同的情景而变化，以更好地捕捉管理者的决策行为信息。参考相关的先前研究，本研究将研究情景设定为 30 个，即让一个管理者同时完成 30 个特定情景下的判断并对决策行为偏好进行打分。第五，预测试的对象应该和研究需求，以及正式测试的对象一致，在一个小范围内对设计好的量表进行预测试，并对收集回来的量表数据进行信度和效度检验，信度和效度检验效果良好的情况下就可以进行大范围的测试，如果没有达到预期效果，则要重复以上的步骤，对量表进行修正。第六，通过预测试的量表就可以做大范围的正式测试。第七，采用 Seeming unrelated regression(SUR)的回归分析方法对问卷提取出的数据进行相关统计性描述与数理分析，验证提出的假设，并最终得出自己的研究结论。

正式测试的量表包括三个部分：第一部分为人口统计调查，主要是对企业与个体回答者相关信息的调查；第二部分为包括了30个潜在市场导向选择的情景，这一情景通过若干个决策标准来描述；第三部分为管理者根据情景量表进行判断的决策行为的7分量表。为更好地让参与调查的管理者理解笔者所研究的问题，在做实验前，笔者将研究中涉及的概念及管理知识进行了详细而连贯地讲解，使参加试验的管理者对涉及的每个概念都了然于心。同时，为了在完成30个不同情景时不产生混淆，笔者同时在问卷底部，将需要重点强调和判断的名词用简短明了的语言做了解释，这样就形成了完整的测试量表。将完整的纸质问卷发放到被测试者手中，每个被测试者的30个随机情景都是一样的。同时，考虑到30个情景间尽量避免对被试者的干扰，每次被试者做出一次决策时只能看到一个对应的情景。要求被测试者仔细阅读情景，并针对不同因素的打分情况给出自己的决策行为偏好分值。

4.4.3 量表开发

根据Yuchtman等人的研究，进行量表开发时需要遵循以下几条指导原则。

1．建立在研究企业的现实基础之上，但又不仅仅是对现实的简单表现。

2．量表中的各题项要能够清晰表示外部环境和企业间的相互关系。

3．从理论高度上提取出能适用于多数企业的一般性的理论框架。

4．要能够反映不同组织间的区别与变化。

5．变量的选取尽量选择与组织绩效有重要影响的变量。

6．量表的变量要能很好地刻画研究中的因变量、自变量和控制变量等。

在遵循以上量表开发原则的基础上，在开发量表的过程中，第一步，笔者通过文献和二手数据，特别是根据以往成熟的量表梳理出了影响后发企业做出市场导向的影响因素。在获得基础的影响因素后笔者与课题组的老师、学生进行了多次学术讨论，剔去了不合理的因素并且增加了未考虑完善的部分，并对量表的有效性、表达形式，以及问卷分发方式等细节反复进行讨论，进一步确定了研究细节并保证了研究的可实施性。在这个过程中，笔者还专门拜访了一位长期从事市场营销的高管，对研究问题和问卷进行了深刻的交流，他对此提出了一些意见和建议，并在此基础上对情景要素进行了修正。笔者在以上工作的基础上形成了情景量表的初稿。第二步，选取具有代表性的东方汽轮机有限公司（以下简称"东汽"）举行了两次专题座谈会，两次参与人数都是8名，他们分别来自销售、生产、财务、计划等部门，会上这8名管理人员在明确市场导向选择问题后，针对各自的工作就该问题做了深入探讨，并将已经完成的初稿当场进行了测试。两次座谈会笔者共获得了完整的16份预测试数据。拿到数据后，笔者对结果进行了信度和效度检验。根据预测试的反馈意见修改了部分不清楚的表达，形成了最终情景量表。第三步，在以上工作基础上笔者又对两名中高层管理人员（一名主管销售方面，一名主管计划方面）进行了深度访谈，一直从建厂到后期的技术引进，以及海外市场开拓各个阶段进行了详细的了解，主要内容包括：（1）对东汽现状的了解，以及对企业相关联的后发企业现状的了解；（2）后发企业选择市场导向倾向的影响因素；（3）后发企业选择市场导向的过程；（4）后发企业价值循环的基本过程。第四步，将最后确定的情景量表进行大规模调查实验，对测试者反馈回来的情景量表进行相关统计性描述与分析。

政策捕捉方法的关键就是情景的设置，对于情景的构建主要是从以下几个方面展开：第一，从前面学者的文献中得出基本的判断，此步在上一部分中详细叙述过，这里不再累述；第二，从大量的实地调研中得出，笔者团队花了前后5年的时间去追踪企业的发展轨迹，并通过客户走访、深度访谈，以及二手数据的深度挖掘来探讨后发企业在面对“双向依赖”背景下市场导向的选择问题；第三，从自身研究框架入手。笔者研究主要的框架是“双向依赖”，那么在情景设置过程中就是基于技术领先企业、后发企业、竞争对手、顾客的关系框架来构建自身的情景（具体详见3.1图3-4）。

本书的情景量表设计是在参考了先前学者对市场导向的测量的文献，并结合对市场导向测量的量表，笔者筛选出符合研究需要的情景决策因素。在对市场导向概念探讨的同时，如何测量市场导向，以及市场导向的量化等问题就成了另一个关注的焦点。在已有的对市场导向的实证文献中有关市场导向的测量文献，前后共出现三十几种之多，在对这些方法进行分析后发现，在当前的市场导向研究领域，两种基本观点（行为观与文化观）主导了市场导向的概念及研究，在市场导向文化观下，Slater和Narver提出了MKTOR量表。在市场导向行为观下，Jaworski和Kohli提出了MARKOR量表。MKTOR量表和MARKOR量表被广泛地使用，很多研究都是基于这两种量表展开的实证研究，还有的是在这两个量表的基础上修改的新量表。

因而，在对市场导向的测量研究中，Jaworski和Kohli的MARKOR市场导向量表，以及Narver和Slatter的MKTOR市场导向量表为市场导向的测量奠定了基础。后来的学者也多是在参考他们的研究的基础上开展对市场导向的测量研究。

Slater 和 Narver 认为市场导向是一种能有效为顾客创造价值并为企业带来高收益的组织文化。他们根据市场导向的文化观，提出了可度量和实证化的 MKTOR 量表。这个量表在很多学者的研究中被应用，如 Greenley、Pelham 和 Wilson。Slater 和 Narver 提出的 MKTOR 量表由 15 个项目组成，每个项目都是 7 级李克特量表，具体见表 4-1 所列。

表 4-1　MKTOR 市场导向测量量表内容

序号	内容
1	本公司销售人员会定期分享战略对手的战略信息
2	本公司的战略目标是由顾客满意驱动的
3	本公司会对竞争对手的竞争性行为迅速做出反应
4	本公司关注在满足顾客需求方面的承诺和导向水平
5	每个职能部门的经理会定期拜访当前和潜在顾客
6	公司所有职能部门间畅通交流成功或不成功的顾客信息
7	本公司的竞争战略是建立在对顾客需求分析的基础上的
8	公司内部所有职能部门都建立在满足目标市场需求上的
9	本公司是为顾客创造更大价值信念驱动的
10	本公司经常系统地度量顾客满意度
11	本公司密切关注售后服务
12	本公司高层定期讨论竞争对手的优势和战略
13	本公司管理者都知道公司每个人怎样为创造顾客价值做出贡献
14	本公司瞄准的是能为公司获取竞争优势的顾客
15	本公司与其他经营单位共享资源

表 4-1 中，市场导向分别从顾客导向、竞争者导向和跨部门协作三个维度的行为要素刻画，每项分别指向这三个行为要素，市场导向就是这三个行为要素得分的平均数水平。每项分别有 7 个程度的认同指数，分别是：无、非常轻微、较小、中等程度、比较高、高、非常高。然后让调查对象对每个项目进行打分，其中，1 分指被试者从来没有出现过该情况，7 分指被试者经常出现该情况。

Narver 和 Slater 对西方企业的 141 个高层管理者进行了问卷调查。Slater 和 Narver 在问卷中假设三个行为要素是同等重要的，每个样本的最后得分是三个行为要素的平均。141 个高层管理者的问卷涉及了日用品企业、特殊消费品企业、分销商和出口企业。最后检验了效度和信度，结果显示这三个行为要素的信度和效度都达到了显著水平，通过了验证。量表最终保留了 15 个题项，其中顾客导向 6 个题项，竞争者导向 4 个题项，跨部门协作 5 个题项。实证结论表明：（1）任何类型的企业中，市场导向与企业绩效间的关系都是正相关的；（2）市场的增长是企业业绩的重要决定因素之一；（3）环境不同决定了市场导向与企业业绩关系不同；（4）存在共变量不但影响市场导向而且对企业绩效也产生影响。

Narver 和 Slatter 认为市场导向是一个一维的概念，其内容主要包括顾客导向、竞争者导向、跨部门协作三个行为构成因素和长期关注与利润关注两个决策标准，从而其开发的 MKTOR 市场导向量表包括了对顾客、竞争者和企业自身层面的考量。从顾客层面来看，要求企业能够理解目标顾客当前及未来的需求以为其创造持续的价值，通过顾客承诺、理解顾客需求、顾客满意度等方面来测量。从竞争者层面来看，企业必须理解当前及潜在的竞争者优势及劣势，通过对竞争者行动的快速响应、积极寻找市场机会等方面来测量。从企业自身层面来看，企业必须能够有效地利用、整合企业各种资源，通过组织内部资源的共享、整合各职能部门以服务于顾客需求等来测量。

Kohli 和 Jaworski 认为市场导向关乎当前及未来顾客需求的市场情报的产生，情报在各部门间的传递与扩散，以及对市场情报的响应。Jaworski 和 Kohli 在此基础上开发出了 MARKOR 市场导向量表，主要从情报产生、扩散和响应等方面来设计。从情报产生的过程来看，企业必须在不断满足顾客现有需求的基础上积极地探索顾客未来的需求与偏好，并与顾客、零售商、分销商等积极地互动，以学习如何更好地服务于顾客。同时，在企业内部积极开展市场研究，并持续地评估自己的产品或服务。从市场情报扩散的过程来看，要对竞争者的策略和战略有正确的认识，并花时间去讨论顾客未来的需求，要求生产、研发与市场部门紧密配合，R&D（研究与发展）和营销的整合、R&D 和生产的整合对新产品开发的成功至关重要，进而对后发企业快速响应市场、创造市场新的需求有积极影响。各部门要积极配合并与顾客互动，主动为顾客提供信息。从市场响应来看，企业应该就如何响应竞争者行动、顾客需求与偏好的变化、技术进步等做出设计，还要执行已设计好的响应行动。

Kohli 和 Jaworski 引入了市场导向的行为观，在这种观点下，市场导向被定义为企业在组织内部对顾客需求的市场情报获取、信息在组织间的传播，以及对此作出的反应，是对营销观念的执行所形成的一系列的活动、行为。由此可见，市场导向聚焦与企业有关信息的行为。由这个概念的理解出发，作者开发了 MARKOR 量表。随后，MARKOR 量表被很多学者采纳，其中 Deng 和 Dart、Atuahene-Gima 应用该量表从市场导向行为观的角度出发研究了市场导向，具体见表 4-2 所列。

表 4-2 MARKOR 市场导向测量量表内容

序号	内容
1	在我们的经营单元中，至少一年和顾客见面一次，并发现未来他们需要什么样的产品和服务
2	在我们的经营单元中，做了很多内部市场调研
3	我们对顾客产品偏好改变觉察缓慢
4	我们至少一年对终端顾客进行一次文件调查以评估服务和产品质量
5	我们对行业发生的基础性变化觉察缓慢
6	我们定期评估商业环境
7	我们至少一年展开一次跨部门会议旨在讨论市场发展变化趋势
8	我们的销售人员与其他部门一起讨论顾客未来需求变化
9	当顾客和市场发生变化时，整个经营单位在短期内能觉察到
10	顾客满意度数据会定期在经营单位各层面内传播
11	当某个部门发现与竞争对手相关的重要信息时，向其他部门发出警告的速度缓慢
12	我们花费很多时间去决定对竞争对手价格变化做出反应的方式
13	由于各种原因，我们忽视了顾客对产品和需求的变化
14	我们定期评估产品和服务以确保与顾客需求一致
15	有一些部门定期集中讨论对变化的商业环境的应对
16	当竞争对手针对我们的目标顾客展开一次广告宣传时，能及时作出反应
17	在我们的经营单元中，跨部门协作做的很好
18	在我们的经营单元中，漠视顾客的抱怨
19	即使我们提出了一个庞大的营销计划，我们也无法实施
20	当发现顾客喜欢对我们的产品或服务做某些修改时，相关部门投入极大的努力去实现它

MARKOR 量表由 20 个项目组成，每个项目是由 5 级李克特量表组成。这 20 项也由三个行为要素构成，分别是情报收集、情报传播、情报响应。其中情报响应又由响应设计和响应执行组成。市场导向就是这三个行为要素得分的平均数水平。每项分别有 5 个程度的认同指数，然后让调查对象对每个项目进行

打分，其中，1 分指高度不一致，5 分指高度一致。Jaworski 和 Kohli 对量表进行了两次预测试并最终提纯了量表，得出由 6 个情报收集、5 个情报传播、7 个情报响应组成的量表。

企业通过市场导向为顾客创造、传递卓越顾客价值，而先前的市场导向测量都是基于对管理者的现场访谈，可能仅代表了市场导向的部分内容，而未从顾客的角度加入对市场导向量表的开发。Chen 和 Quester 以顾客的视角开发出基于顾客价值的市场导向量表。Narver 和 Atuahene-Gima 等人把市场导向划分为反应型市场导向和先动型市场导向，他们对市场导向的测量大多反映在顾客层面，要求企业能够发现、理解和满足顾客的当前及潜在的需求。Deshpandé 等人设计了一个包含 9 个题项的顾客导向量表，该量表也已被成功应用于美国、德国、日本、中国等国家的研究中。Deshpandé、Farley 综合了 Narver、Slater，Deshpandé、Kohli 和 Jaworski 开发的测量量表，设计了一个包含 42 个题项的市场导向量表 MORTN，并表明三个测量量表是互补的。

以 Jaworski 和 Kohli 的 MARKOR 市场导向量表、Narver 和 Slatter 的 MKTOR 市场导向量表的内容为基础，笔者提炼出了部分的情景量表的决策因素。具体来说，两量表中都包含了对顾客层面的关注，如对顾客承诺、顾客满意、顾客当前及未来需求，以及与顾客的互动等。对顾客满意度、顾客承诺的关注让企业更加重视与顾客建立紧密的关系，有助于企业更好地识别并满足顾客需求，因此，笔者把顾客与企业间的关系紧密程度作为在顾客层面的一个情景决策标准。Chen 和 Quester 开发出基于价值的市场导向测量量表，以顾客价值为出发点，并把顾客价值与对市场导向的测量进行整合，从而反映出企业与顾客间的关系对后发企业管理者市场导向选择的重要性。企业在与顾客互动的过程中通过顾客对自身需求的描述，以及顾客对自身需求的反馈来搜集顾客的需求与偏好信息，因此，笔者把顾客能否清晰地描述自身需求，以及有效反馈需求作为两个决策因素。后发企业不仅要满足顾客当前的需求，也要持续地关注顾客未来的潜在需求，尤其是当企业试图在市场上获取新的竞争优势时，笔者把顾客对新技术的需求强度作为一个决策标准。因顾客权力或买者权力过大而可能导致顾客强迫出现，因此，顾客对企业所能施加的压力的大小必然影响到管理者对市场导向的理解和选择决策，笔者选取了顾客与企业的议价能力作为顾客层面的一个情景决策因素。同时，除了对市场导向的研究外也非常关注对竞争者的研究，竞争者对企业的影响不可忽视，因为都处于竞争的情景下，企业要获得竞争优势，必须能够比竞争者更有效地为顾客创造价值，尤其是竞争者在市场采取一定行动和策略时，要求企业必须及时响应才能在市场上立于不败之地。因此，笔者把竞争者对市场的控制度、竞争激烈的程度作为竞争者层面的两个决策标准，同时，把市场响应能力作为企业层面的一个决策因素。

企业对顾客未来需求的持续关注说明企业期望不断提升引导与创造顾客需求方面的能力，因此，笔者把引导、创造需求的能力作为影响后发企业市场导向选择的一个因素。在 MARKOR 市场导向量表中，Jaworski 和 Kohli 更加关注企业自身的能力对市场导向的影响，如企业必须不断地评估自己的产品或服务，持续地引入新产品，不断满足顾客的需求。Slater 和 Narver 认为以市场为导向的企业应抓住在细分市场上的商业机会，积极地开发新产品与服务，以获取竞争优势。产品创新需要后发企业不断地加大 R&D 投入，促进后发企业的 R&D 能力的提升，通过加大 R&D 投入，企业能够不断拓展其可监控的外部环境中的市场机会，从而有助于及时地将机会转化为商业化产出。因而，把研发能力作为一个情景决策因素。

由于以往成熟的量表中大多的研究对象是国外技术领先企业，因此，和笔者研究的对象不同。对后发企业来说，不仅受到来自顾客、企业自身能力，以及竞争对手的限制，还受到国外先进企业带来的压力。国外先进企业拥有先进技术和管理经验，随着其对国内市场的逐渐熟悉，以及经验的累积，国外技术领先企业对国内市场的控制和渗透不断深化，给后发企业带来了很大的压力。后发企业与国外技术领先企业的关系随着时间不断发生演变，同时存在着竞争与合作，这种竞争合作关系也会影响到后发企业管理者对市场导向的选择。

为了保证 30 个情景的有效性，笔者将 30 个情景按顺序装订成册。同时，为了避免 30 个看似相近的情景对被试者产生影响，引起情景混淆，笔者尽量让被试者每次只能看到单独的一个情景，并对每个情景做清晰化处理，使被试者对所做决策下的情景一目了然。笔者通过 spss16.0 检验了 30 个情景中 14 个决策因素间的相关性，具体的相关系数见表 4-3 所列。表 4-3 显示在 $p<0.05$（p 值是用来判定假设检验结果的一个参数）条件下，显著相关的数据仅占总数据的 4.4%；在 $p<0.01$ 条件下，显著相关的数据为 1.1%。从 r（相对系数）值来看，双侧 $r<0.3$ 的数据达到总数据的 91.21%；双侧 $r<0.4$ 的数据则达到总数据的 98.9%。由此可以看出，30 个情景中的 14 个因素之间具有很高的不相关性，可以保证该技术获取决策量表对管理者的决策模型的测量的有效性。

表 4-3　情景因素间的相关系数表

	1	2	3	4	5	6	7	8	9	10	11	12	13	14
1. 技术领先企业对现有市场的控制度														
2. 技术领先企业对潜在市场的渗透度	0.138													
3. 企业与技术领先企业的紧密程度	0.055	–0.215												
4. 顾客对自身需求能清晰描述的程度	–0.097	0.232	0.115											
5. 顾客对新技术的需求强度	0.059	0.216	0.051	0.228										
6. 顾客与企业间讨价还价的能力	0.102	0.089	0.200	–0.209	–0.027									
7. 顾客与企业之间关系的紧密程度	–0.012	–0.136	–0.036	–0.066	0.095	–0.142								
8. 顾客有效提供需求的渠道畅通程度	–0.048	0.328	–0.105	0.313	–0.063	–0.046	–0.011							
9. 竞争对手对市场的控制程度	0.037	–0.083	0.182	0.068	0.009	–0.095	–0.105	0.182						

（续表）

	1	2	3	4	5	6	7	8	9	10	11	12	13	14
10. 竞争对手争夺顾客的激烈程度	−0.274	−0.293	0.209	−0.346	0.226	0.151	0.019	−0.389*	−0.078					
11. 企业的研发能力	−0.235	0.100	0.154	0.225	−0.087	0.194	0.179	−0.113	−0.131	0.058				
12. 企业响应市场的能力	−0.089	−0.162	0.070	−0.234	0.084	0.015	−0.196	−0.001	−0.279	0.594**	0.067			
13. 企业引导/创造需求的能力	−0.004	−0.173	0.380*	0.302	−0.051	0.037	0.333	0.204	0.122	0.041	0.427*	−0.030		
14. 企业对顾客满意度的关注程度	0.112	−0.063	-0.150	−0.078	0.045	0.226	−0.152	−0.100	0.112	0.321	−0.272	0.063	−0.243	

注：$^{**}p<00.01$ $^{*}p<00.05$

4.4.5 问卷的发放和回收

本书中的被试者主要来自我国中西部地区，包括四川、湖北、陕西等省份，由不同行业和不同企业规模的 58 位中高层管理人员组成。被试者所在的行业都属于技术上依赖国外先进企业，市场上依赖本土市场，具有明显的“双向资源依赖”特征，同时行业分布较分散，包括制造业、服务业、金融业等多个行业。为了保证实验数据的有效性，所有被试者在参加调查前对问卷内容，以及问卷设置进行了详细地了解。本研究共有 58 位被试者，每个被试者需要完成 30 份不同情境的问卷，但是由于两人的问卷在打分过程中存在重复打分的情况，属于无效问卷，因此共获得 1740 份总样本数据。

从人口统计问卷中可见，参与研究的 58 位被试者，来自制造业的占总人数的 58.6%，服务业的占总人数的 17.2%，金融业的占总人数的 13.8%。参加实验的管理者有 79.3%所在企业规模在千人以上，81.1%的被试者所在企业年龄超过 10 年。而从工作背景来看，27.6%的被试者拥有技术背景，41.4%的被试者从事市场/销售职业，27.6%的被试者从事行政管理职业。从被试的职位来看，他们中 56.9%是部门主管，17.2%是公司副总，15.5%是公司总经理。从被试者的基本情况可见，参与实验的企业管理者符合笔者实验的要求，有直接市场经验的占到总人数的 41.4%，而 94.8%的被试者表示工作经历中有过市场相关工作经历。具体被试人员的基本情况见表 4-4 所列。

表 4-4　被试者基本情况

所属行业	制造业	服务业	金融业	其他
	34	10	8	6
企业规模	10 年以上	5～10 年	3～5 年	2 年以下
	47	5	3	3
工作背景	市场/销售	技术	行政管理	其他
	24	16	16	2
职位	公司总经理	公司副总	部门主管/经理	其他
	9	10	33	6

4.5 变量测量

4.5.1 因变量

数据来自通过政策捕捉的准实验方法对 58 名有市场经验的管理者进行问卷调查，这些数据是为了探究后发企业管理者在“双向依赖”的背景下对市场导向的选择的偏好是否有一致性。因此，本书在研究的设计过程中，根据研究设计了“双向资源依赖”结构情景，每个情景代表一个企业的情况，根据不同的情景下对应的不同企业，让被试者根据自己的管理经验做出判断，从而从样本数据中找出后发企业管理者在“双向资源依赖”背景下对反应型市场导向和先动型市场导向选择倾向是否具有一致性，并找出后发企业管理者对这两种不同市场倾向的偏好值，从而得出研究结论。

在研究设计过程中衡量后发企业管理者的市场导向偏好的两个指标分别是：（1）两种市场导向分别对后发企业管理者的吸引力；（2）后发企业管理者在拥有独立决策权力下，选择两种市场导向的可能性大小。按照 Tyler 和 Steensma，以及 Hitt 的政策捕捉准实验设计范式，对两个指标的测量分别采取的是李克特 7 级分量表，其中，1 代表没有吸引力，7 代表很有吸引力。被试者根据每个情景，给出自己的分值。

根据问卷结构，被试者主要根据问卷中的各个情景对题项 1（反应型市场导向对管理者的吸引力）与题项 2（管理者选择反应型市场导向的可能性）进行打分。笔者根据收集的数据检验了反应型市场导向对管理者的吸引力与管理者选择反应型市场导向的可能性，先动型市场导向对管理者的吸引力与管理者选择先动型市场导向可能性的相关性。皮尔逊相关系数检验结果见表 4-5 所列。

表 4-5 市场导向吸引力与选择市场导向可能性的相关关系

	反应型市场导向吸引力	先动型市场导向吸引力	反应型市场导向可能性	先动型市场导向可能性
反应型市场导向吸引力				
先动型市场导向吸引力	–0.178**			
反应型市场导向可能性	0.856**	–0.204**		
先动型市场导向可能性	–0.183**	0.851**	–0.215**	

注**表示在 0.001 显著性水平下显著相关

反应型市场导向对管理者的吸引力与管理者选择反应型市场导向的可能性的相关系数为 0.856（$p<0.001$），先动型市场导向对后发企业的吸引力与后发企业选择先动型市场导向的可能性的相关系数为 0.851（$p<0.001$）。由此可知，某种市场导向对后发企业的吸引力与后发企业选择该市场导向的可能性具有很强的相关性。因此，笔者将反应型市场导向对管理者的吸引力与后发企业选择反应型市场导向的可能性的值相加得到了本研究的一个因变量：后发企业选择反应型市场导向的偏好值。同理，笔者将先动型市场导向对后发企业的吸引力与后发企业选择先动型市场导向的可能性的值相加得到了本研究的另外一个因变量：后发企业选择先动型市场导向的偏好值。

所以本文的因变量为

选择反应型市场导向的偏好值=反应型市场导向对后发企业的吸引力+后发企业选择反应型市场导向的可能性；

选择先动型市场导向的偏好值=先动型市场导向对后发企业的吸引力+后发企业选择先动型市场导向的可能性。

本研究还想说明：当企业创造需求的能力同时对先动型市场导向与反应型市场导向都有显著的正向相关关系时，后发企业更倾向于哪种市场导向。因此，本研究还需要测量后发企业选择反应型市场导向偏好超过先动型市场导向偏好的值。本研究将后发企业选择反应型市场导向偏好值减去先动型市场导向偏好值，得到本研究的另一个因变量：后发企业选择反应型市场导向偏好超过先动型市场导向偏好的值。即

后发企业选择反应型市场导向偏好超过先动型市场导向偏好的值=后发企业选择反应型市场导向偏好–后发企业选择先动型市场导向偏好的值。

4.5.2 自变量

根据本书的研究假设，在“双向资源依赖”的决策情景下，笔者开发了顾客层面上影响后发企业市场导向选择的 4 个决策标准。（1）顾客有效反馈需求的能力，反映了顾客清晰地表述自身的需求信息，并传达给后发企业的程度。（2）顾客对新技术的需求程度，说明了新技术对顾客需求影响的程度。（3）顾客与企业讨价还价的能力，解释了顾客对后发企业施加压力强度的程度，从资源依赖理论的角度，这个决策标准反映了顾客与后发企业之间的权力不平衡或依赖不对称的程度。当顾客与后发企业间存在权力差距时，若顾客具有权力优势，那么顾客能够对后发企业施加更多的压力，迫使后发企业做出有利于自身的行动。也就是说，当顾客能够有效反馈需求信息，对新技术有显著的需求，顾客的讨价还价的能力越强时，后发企业越倾向于满足顾客当前的显性需求。

（4）顾客与后发企业间关系的紧密程度，反映了顾客与后发企业间所建立的关系类型，即强连接或弱连接，关于连接强度的研究表明：强连接让顾客与后发企业建立更为紧密的互惠联系，彼此更为熟悉，更容易让后发企业理解顾客的显性和潜在的需求，但是会带来冗余；而弱连接能够让后发企业更广泛地接触顾客，有助于其在市场上搜索顾客知识，但弱连接无法建立起顾客与后发企业间的信任。从资源依赖的角度，顾客与后发企业间的紧密程度反映了其相互依赖的程度，当相互依赖程度较高时，后发企业与顾客间是一种紧密的关系，有助于后发企业对顾客需求的发现、理解和满足。

为了揭示后发企业自身的能力对其市场导向选择偏好的影响，我们集中考查了 3 个变量，即后发企业的研发能力、响应市场的能力和创造需求的能力。（1）研发能力反映了后发企业吸收能力的水平，当作为“漏斗”时，吸收能力反映了研发能力能够作为后发企业发现、理解和满足顾客潜在需求的基础；当作为“管道”时，研发能力能够作为后发企业发现、理解和满足顾客现有需求的基础。（2）响应市场的能力，是后发企业利用现有的知识和经验进行知识利用，代表后发企业能够快速而有效地满足顾客当前需求的能力。（3）创造需求的能力，是在满足现有顾客需求的基础上不断满足顾客潜在需求的能力，与 Drucker“创造顾客”的观念相一致。后发企业通过创造需求的能力发现、理解和满足顾客当前与潜在需求。

4.5.3 控制变量

后发企业对市场导向的选择偏好不仅受到后发企业自身因素和顾客因素的影响，还会受到其他因素，如竞争对手、领先企业等的影响。为了更准确地刻画后发企业的市场导向选择偏好，本书在实验中加入了一些会对后发企业管理者决策行为产生影响的因素作为控制变量，以更真实地再现后发企业管理者在进行市场导向选择的场景。

第一，我们通过三个决策因素来考查领先企业的特征：（1）跨国技术领先企业对现有市场的控制度，反映了后发企业在现有市场上的力量；（2）跨国技术领先企业对潜在市场的渗透度，用来衡量后发企业对潜在市场的重视及开发程度；（3）跨国技术领先企业与后发企业的紧密程度，揭示后发企业与跨国技术领先企业合作的程度。

第二，我们在顾客层面增加一个决策因素作为控制变量进一步来刻画顾客的属性特征：顾客对自身需求能清晰表述的程度，描述了顾客对自身需求理解的程度，从而影响后发企业如何满足顾客需求。

第三，在企业自身层面增加一个决策因素来描述后发企业的属性特征：企业对提升顾客满意度的重视程度，主要用来衡量后发企业对顾客需求满足程度的关注。

第四，笔者增加了对竞争对手的考查，主要包括两个决策因素：（1）竞争对手对市场的控制程度，用来衡量后发企业与竞争对手在市场上的力量差距；（2）竞争对手争夺顾客的激烈程度，用来衡量竞争对手对顾客的重视程度。

笔者还根据人口统计问卷的内容，选取了部分变量作为控制变量，首先，将企业规模和企业年龄作为控制变量，企业规模主要是根据雇员数量进行划分：0～20，20～50，50～99，100～299，300～499，500～999，1000 以上。企业年龄根据企业成立的年限进行划分：0～3 个月，3～6 个月，6 个月～1 年，1～3 年，3～5 年，5～10 年，10 年以上。其次，被试者所在部门及从事职位。笔者把部门划分为技术部门、市场销售部门、人力资源部门、财务部门、行政部门、决策部门及其他，职位划分为技术类，市场销售类，行政管理类。最后，笔者还控制了市场份额及市场竞争程度。

4.6 数据统计分析方法及分析

4.6.1 数据统计分析方法

在采用政策捕捉方法研究的文献中，根据研究的需要会采取不同的数据统计分析方法，如 Tyler 和 Steensma 采用逐步回归的分析方法，York 采用单独的回归分析，Bonaccio 和 Dalal 采用多层次回归分析等。本书根据 Reuer 等的研究，采用似乎不相关回归（Seeming Unrelated Regression，SUR）的统计方法。Reuer 等人指出采用 SUR 的统计方法是根据所建模型的估计来确定的。选择该统计方法基于以下考虑：第一，每位管理者对 30 个情景的观察并不是独立的；第二，两种市场导向的吸引力或做出选择行动的可能性也不是独立的，可能存在多个其他的变量对市场导向的评估有相近的影响；第三，管理者对不同市场导向的偏好的假设检验要求同时检验在反应型市场导向与先动型市场导向两个模型方程中的变量的差异。与传统的统计方法，如最小二乘法和分层线性模型相比，SUR 能够更好地揭示统计过程中的误差项的相关性。因此，根据本研究的数据结构及研究需要，笔者所采用的 SUR 更适合进行数据处理。

4.6.2 描述性统计分析

表 4-6 和表 4-7 为数据的描述性统计分析结果和变量的相关性系数。

表 4-6　统计性描述以及因变量与控制变量的相关性系数

	1	2	3	4	5	6	7	8	9	10	11	12	13
1. 反应型													
2. 先动型	-0.212^{**}												
3. 反应-先动	0.762^{**}	-0.794^{**}											
4. 所属部门	−0.040	−0.054	0.011										
5. 参与顾客需求分析的次数	−0.012	0.131^{**}	-0.094^{*}	-0.102^{*}									
6. 企业规模	0.008	−0.043	0.034	−0.075	-0.192^{**}								
7. 企业年龄	−0.041	−0.030	−0.005	-0.264^{**}	−0.066	0.788^{**}							
8. 市场份额	0.041	−0.034	0.048	0.186^{**}	0.323^{**}	0.163^{**}	0.073						
9. 制造	-0.080^{*}	−0.052	−0.015	−0.054	0.092^{*}	0.380^{**}	0.488^{**}	0.174^{**}					
10. 行业竞争	0.048	0.060	−0.010	-0.153^{**}	0.274^{**}	−0.036	0.181^{**}	−0.023	0.510^{**}				
11. 程度													
12. 市场	0.038	0.019	0.011	-0.611^{**}	0.335^{**}	0.000	0.246^{**}	−0.020	0.023	0.175^{**}			
13. 技术	0.159^{**}	−0.059	0.138^{**}	0.252^{**}	-0.354^{**}	0.084^{*}	0.078	0.157^{**}	0.168^{**}	0.194^{**}	-0.158^{**}		
14. 行政	-0.124^{**}	0.015	-0.087^{*}	0.633^{**}	-0.228^{**}	−0.073	-0.302^{**}	0.006	-0.171^{**}	-0.333^{**}	-0.816^{**}	-0.258^{**}	1
均值	8.83	8.99	−0.16	4.57	3.43	6.57	6.76	3.45	0.65	4.00	0.33	0.05	0.57
标准差	3.054	3.252	4.910	2.152	0.904	1.138	0.684	0.805	0.477	1.156	0.472	0.213	0.495

注：N=1740, $^{**}p<0.01$, $^{*}p<0.05$

表 4-7　统计性描述以及因变量与决策情景因素的相关系数

	1	2	3	4	5	6	7	8	9	10	11	12	13	14	15	16	17
1. 反应型市场导向																	
2. 先动型市场导向	−0.212**																
3. 反应型市场导向超过先动型市场导向	0.762**	−0.794**															
4. 跨国技术领先企业对现有市场的控制度	−0.006	−0.115**	0.072														
5. 跨国技术领先企业对潜在市场的渗透度	0.032	−0.067	0.064	0.138**													
6. 跨国技术领先企业与后发企业的紧密程度	0.029	0.119**	−0.061	0.046	−0.229**												

（续表）

	1	2	3	4	5	6	7	8	9	10	11	12	13	14	15	16	17
7. 顾客对自身需求能清晰描述的程度	0.029	0.093*	−0.044	−0.097*	0.232**	0.112**											
8. 顾客有效反馈需求的程度	0.159**	−0.021	0.113**	0.059	0.215**	0.049	0.228**										
9. 顾客对新技术的需求强度	0.038	0.133**	−0.065	0.090*	0.105**	0.195**	−0.200**	−0.011									
10. 顾客与企业间讨价还价的能力	0.020	0.105**	−0.057	−0.020	−0.151*	−0.012	−0.066	0.092*	−0.151**								
11. 顾客与企业间关系的紧密程度	−0.017	−0.016	0.000	−0.048	0.328**	−0.102*	0.313**	−0.063	−0.040	−0.010							
12. 竞争对手对市场的控制程度	−0.106**	−0.017	−0.054	0.037	−0.083*	0.190**	0.068	0.009	−0.089*	−0.094*	0.182**						

（续表）

	1	2	3	4	5	6	7	8	9	10	11	12	13	14	15	16	17
13. 竞争对手争夺顾客的激烈程度	0.111^{**}	0.137^{**}	−0.021	-0.274^{**}	-0.293^{**}	0.200^{**}	-0.346^{**}	0.226^{**}	0.151^{**}	0.011	-0.389^{**}	-0.078^{*}					
14. 企业的研发能力	−0.016	0.394^{**}	-0.271^{**}	-0.235^{**}	0.100^{*}	0.166^{**}	0.225^{**}	-0.087^{*}	0.196^{**}	0.192^{**}	-0.113^{**}	-0.131^{**}	0.058				
15. 企业响应市场的能力	0.189^{**}	0.086^{*}	0.061	-0.089^{*}	-0.162^{**}	0.053	-0.234^{**}	0.084^{*}	0.010	-0.210^{**}	−0.001	-0.279^{**}	0.594^{**}	0.067			
16. 企业引导、创造需求的能力	0.018	0.317^{**}	-0.199^{**}	−0.017	-0.162^{**}	0.398^{**}	0.309^{**}	−0.039	0.053	0.352^{**}	0.212^{**}	0.117^{**}	0.047	0.433^{**}	−0.025		
17. 企业对提升顾客满意度的重视程度	0.032	0.000	0.020	0.098^{*}	−0.051	-0.156^{**}	−0.071	0.058	0.244^{**}	-0.159^{**}	-0.092^{*}	0.107^{**}	0.328^{**}	-0.267^{**}	0.068	-0.248^{**}	
均值	8.83	8.99	−0.16	3.13	3.20	3.11	3.13	3.23	2.46	3.14	2.87	2.80	3.03	3.27	3.23	2.81	2.84
标准值	3.054	3.252	4.910	1.361	1.276	1.179	1.148	1.284	1.232	1.132	1.259	1.195	1.355	1.154	1.360	1.325	1.238

4.6.3　研究结果

SUR 回归结果见表 4-8 所列。

表 4-8　SUR 回归结果

变量	I 反应型市场导向	II 先动型市场导向	III 反映型-先动型
Intercept（截距）	2.73(0.07)	10.25(0.07)**	7.51(0.11)†
控制变量			
跨国技术领先企业对现有市场的控制	−0.26(0.07) *	−0.04(0.07)	−0.22(0.19)
跨国技术领先企业对潜在市场的渗透	0.31(0.05) *	−0.23(0.05)†	0.54(0.21)*
跨国技术领先企业与后发企业的紧密程度	0.06(0.07)	−0.05(0.07)	0.11(0.21)
竞争对手对市场的控制程度	0.07(0.04)	−0.06(0.04)	0.14(0.21)
竞争对手争夺顾客的激烈程度	−0.51(0.09) **	0.12(0.09)	−0.63(0.32) *
企业对提升顾客满意度的重视程度	0.11(0.02)	0.32(0.02)*	−0.21(0.22)
所属部门	−0.19(0.03） *	−0.11(0.03)	−0.08(0.13)
参与顾客需求分析的次数	−0.06(0.08)*	0.63(0.08)**	−0.69(0.33) *
企业规模	−0.02(0.04)	−0.02(0.04)	−0.02(0.04)
企业年龄	−1.32(0.06)*	0.00(0.06)	−1.32(0.62)
市场份额	−0.07(0.03)	−0.69(0.03)**	0.62(0.37) †
制造	−0.72(0.09)†	−0.49(0.09)	−0.23(0.62)
行业竞争程度	0.04(0.05)	0.14(0.05)	−0.11(0.25)
市场	0.45(0.02)†	0.44(0.02)†	0.00(0.42)
技术	0.15(0.03)	−0.51(0.03)	0.66(0.57)
行政	3.37 (0.11)***	0.93(0.11)	2.44(1.14) *
自变量			
顾客有效反馈需求的程度	0.27(0.07) **	0.08(0.07)	0.18(0.20)
顾客对新技术的需求强度	0.20(0.06) ***	0.09(0.06)	0.17(0.21)
顾客与企业间讨价还价的能力	0.37(0.05) ***	−0.06(0.05)	0.43(0.24) †
顾客与企业间关系的紧密程度	−0.46（0.08）***	0.18(0.09)	−0.68(0.26) **
企业的研发能力	−0.50 (0.04)**	1.07(0.04) ***	−1.57(0.26) ***
企业响应市场的能力	0.86（0.06）***	−0.01(0.06)	0.87(0.26) ***
企业引导、创造需求的能力	0.25 (0.07) *	0.43(0.07)**	−0.19(0.24)
卡方	112.15***	197.45***	107.37***

N=1740. 括号内标注为标准误差值. ***$p<0.001$，**$p<0.01$，*$p<0.05$，†$p<0.10$

从后发企业自身层面因素对后发企业管理者市场导向选择偏好的影响来看，4.3 中研究假设（5）和（6）检验了后发企业研发能力与响应市场的能力对后发企业管理者市场导向选择偏好的影响。由上述几个表可知，后发企业研发能力与后发企业管理者选择反应型市场导向的偏好显著负相关（−0.50，$p<0.01$），即当后发企业研发能力较弱时，后发企业管理者倾向于选择反应型市场导向。当后发企业研发能力与后发企业管理者选择先动型市场导向的偏好显著正相关（1.07，$p<0.001$），即后发企业研发能力较强时，后发企业管理者倾向于选择先动型市场导向，假设（5）得到验证。后发企业响应市场的能力与后发企业管理者选择反应型市场导向的偏好显著正相关(0.86，$p<0.001$)，即当后发企业响应市场的能力较强时，后发企业管理者倾向于选择反应型市场导向，研究假设（6）成立。假设（7）检验了后发企业创造需求的能力对后发企业管理者市场导向选择偏好的影响，结果显示：后发企业创造需求的能力与后发企业管理者选择反应型市场导向正相关（0.25，$p<0.05$），后发企业创造需求的能力与后发企业管理者选择先动型市场导向显著正相关（0.43，$p<0.01$），假设（7）得到验证。假设（8）检验了后发企业创造需求的能力与后发企业管理者选择反应型市场导向的偏好超过先动型市场导向的偏好的关系，结果显示：后发企业创造需求的能力与后发企业管理者选择反应型市场导向的偏好超过先动型市场导向的偏好呈负相关，但不显著（−0.19，$p=0.43$），即当后发企业创造需求的能力越强时，后发企业不一定表现出对先动型市场导向有更大的偏好。

根据研究结果，笔者发现控制变量的回归结果也值得注意。在跨国领先企业层面，跨国技术领先企业对潜在市场的渗透度与后发企业选择反应型市场导向呈显著正相关（0.31，$p<0.05$），与后发企业选择先动型市场导向的偏好呈负相关（–0.23，$p<0.10$），说明当跨国技术领先企业对潜在市场的渗透度越高时，技术领先企业对潜在市场的开发及投入越高。对于后发企业，其技术和管理技能处于劣势，现有资源限制了后发企业对潜在市场的投入与关注，因而更倾向于选择反应型市场导向，以加强对现有市场的控制，而不会选择在潜在市场上与跨国技术领先企业进行竞争，因而不会选择先动型市场导向。另外，企业规模在一定程度上代表了企业吸收能力的大小，大企业拥有更强的吸收能力，对当前及未来市场的开发、维护等有积极作用，同时，大企业拥有更大的内部资源且其知识存量能够作为互补资产帮助后发企业在当前及未来潜在的市场上更好地满足顾客需求，快速响应市场。研究结果显示：企业规模与反应型市场导向偏好呈显著正相关（0.62，$p<0.01$），与先动型市场导向偏好呈负相关但不显著（–0.02，$p=0.92$）。说明对于后发企业而言，规模更大的后发企业

更偏好于对现有市场上顾客需求的满足，更倾向于选择反应型市场导向。

笔者也发现，在顾客层面上，除了顾客有效反馈需求的程度和顾客对新技术的需求强度都与反应型市场导向偏好呈显著正相关，同时，顾客有效反馈需求的程度和顾客对新技术的需求强度也都与先动型的市场导向偏好呈正相关，但不显著（0.08，p=0.52；0.09，p=0.49）。说明后发企业也有满足顾客潜在需求的倾向，但是未显著表现出来，可能是由于自身技术和管理经验的缺乏而无法在潜在的市场上有所作为。根据双元性理论，这也在一定程度上体现了后发企业在市场导向选择上有双元性的选择倾向，即后发企业既倾向于选择反应型市场导向，也有对先动型市场导向表现出一定程度的选择倾向。同时，当顾客有效反馈需求的程度和顾客对新技术的需求强度分别与反应型市场导向和先动型市场导向正相关时，笔者也发现，后发企业并没有显示出对反应型市场导向的偏好超过先动型市场导向（0.18，p=0.36；0.17，p=0.41）。结合后发企业创造需求的能力与市场导向选择的研究结果，笔者可以认为，当顾客有效反馈需求的程度、顾客对新技术的需求强度及企业创造需求的能力越高时，后发企业并没有表现出在市场导向选择上的主行为倾向。

4.6.4 结果讨论

顾客层面的决策因素（顾客有效反馈需求的程度、顾客对新技术的需求强度、顾客与企业间讨价还价的能力、顾客与企业间关系的紧密程度）对反应型市场导向的选择影响显著，而对先动型市场导向的选择影响不显著。这说明后发企业与顾客间的资源依赖关系对后发企业管理者的市场导向选择影响显著。笔者通过顾客压力、后发企业与顾客间的紧密关系来刻画资源依赖关系的两个维度：权力不平衡和相互依赖。顾客压力通过顾客权力或买者权力的形式体现。后发企业必须持续为顾客创造并保持卓越的顾客价值，才能获取竞争优势。顾客导向相对更强调获取和处理与顾客有关的信息。Christensen 和 Bower 指出部分领先企业的战略之所以失败主要是因为企业过于关注顾客，严格限制了企业的资源分配和战略选择。Day 和 Wensley 认为当市场需求是可预测的，竞争结构是集中和稳定的，并且市场中强有力的顾客较少，企业一般会更关注竞争者。而在动态的市场中，存在很多的竞争者，以及终端用户细分市场，企业往往会更关注顾客。由于后发企业自身资源的限制，对顾客的过分关注，往往导致后发企业必须及时满足顾客表现出来的显性需求，而无法在顾客潜在的隐性需求分析上给予更多的资源支持。顾客需求变化愈来愈快，买卖双方关系中的主导权逐渐转移到了顾客一方，且顾客对各种产品和服务的要求越来越高。另外，竞争也使得顾客能够在企业与竞争者的竞争中获益。这都导致了顾客权力的日益增大，给后发企业的压力也越来越大，迫使后发企业在有限的资源分配上越来越倾向于满足顾客当前的需求。后发企业与顾客间的紧密关系有助于缓解顾客给后发企业所带来的压力。Day 指出企业的顾客连接能力能够让企业创造、保持紧密的顾客关系，这是一种特殊能力，即通过培育顾客关系以获取竞争优势。后发企业也必须创造、保持与顾客间的紧密关系，通过跨职能的协作和信息共享，与顾客紧密协作，促进对战略和各职能的共同理解，不断提高顾客满意度。

在后发企业自身能力层面（研发能力、响应市场的能力、创造需求的能力），对反应型市场导向的选择影响显著，对先动型市场导向的选择影响不显著。这说明后发企业的能力是影响管理者选择市场导向的重要因素。Day 认为市场驱动的组织应具备卓越的市场感知能力、顾客连接能力和渠道捆合能力。尤其是吸收能力对管理者选择市场导向的偏好影响明显，后发企业必须充分开发并利用吸收能力以帮助管理者对市场导向的认知。后发企业的研发能力有助于不断地开发出新产品以满足顾客的需求。吸收能力被认为是企业 R&D 的副产品，持续的研发投入促进吸收能力的开发和组织学习，Song 等人指出跨部门间的 R&D 和营销对新产品开发的成功至关重要。Stock 等人发现随着企业投入一定比例的资源进行 R&D，其新产品开发绩效呈现先增后减的趋势。这也说明后发企业在有限的资源约束下的研发投入必须维持在一定水平，并提高资源的利用效率，才能开发出新产品满足顾客当前及未来的需求。拥有较强吸收能力的企业，能够在企业现有的知识基础上充分利用知识，从而能够提高对市场的响应。同时，企业也能够通过学习不断地探索新知识，这有助于企业开发出新产品，从而能够在市场上引导顾客需求。

4.7 理论意义和实践意义

4.7.1 理论意义

资源依赖理论被广泛地应用于联盟治理、跨国公司、企业并购等研究中，而笔者将资源依赖理论创造性地应用于后发企业的市场导向的选择研究。资源依赖理论为笔者研究后发企业管理者的市场导向选择提供了良好的切入点和理论视角，笔者将资源依赖理论应用于对市场导向的研究以揭示后发企业在资源依赖结构关系下，后发企业管理者对市场导向选择是否会表现出一定的偏好或倾向性。具体来说，在顾客层面，笔者根据资源依赖理论开发出了具体的情景标准以刻画后发企业与顾客的依赖关系，从资源依赖理论的两个维度：权力不平衡和相互依赖研究这些情景标准对后发企业管理者市场导向选择偏好的影响，通过对顾客压力的刻画以反映后发企业与顾客在权力结构不平衡的情况下对后发企业管理市场导向选择偏好的影响，后发企业与顾客在相互依赖关系下如何影响后发企业管理者选择市场导向。根据研究结果，后发企业与顾客在权力不平衡的权力结构下，对后发企业管理者市场导向的影响显著，即在顾客较大的压力下，后发企业管理者更倾向于选择反应型市场导向；后发企业与顾客在相互依赖的关系下，对反应型市场导向选择的偏好明显减弱，这是由于当后发企业与顾客相互依赖程度较高时，双方的相互依赖关系能够有效缓解来自顾客方面的压力。可见资源依赖理论有效地反映了后发企业管理者在权力不平衡和相互依赖结构下的市场导向决策行为倾向，揭示了影响后发企业管理者市场导向选择的战略决策的影响因素，有助于笔者更深入地理解资源依赖理论和战略决策的关系，也为笔者有效地解释和理解后发企业的市场导向偏好提供了理论基础。同时，笔者的研究拓展了资源依赖理论的研究范畴，贡献并丰富了资源依赖理论的研究文献。

笔者尝试从双元性的理论视角来解释后发企业管理者在市场导向选择上的行为倾向。后发企业管理者往往将反应型市场导向和先动型市场导向理解为利用式学习和探索式学习过程，March 指出组织应该在探索和利用之间做出权衡，而比探索更迅速的利用的适应性过程在短期内会更有效，这也符合后发企业首要的生存目标，也与笔者的研究结果相一致。同时，笔者的研究结果显示后发企业管理者在一定程度上表现出对反应型市场导向和先动型市场导向的同时选择的倾向，虽然笔者的研究未给出有力的研究证据，证明后发企业管理者市场导向选择表现出的双元性的倾向，而只是在 “企业创造需求的能力”这一情景决策标准下，后发企业管理者同时表现出对两种市场导向的偏好，而在“顾客有效反馈需求的程度”与“顾客对新技术的需求强度”下，只得到了部分证实，这主要可能是因为后发企业自身资源的限制，导致后发企业无法在两种市场导向上进行合理的资源分配，从而只是对反应型的市场导向影响更为显著。但是，笔者仍然相信，随着后发企业的知识积累及能力构建，后发企业完全有能力在反应型市场导向和先动型市场导向上做到合理权衡。因此，后发企业管理者在市场导向选择上的不显著的双元性倾向也说明了后发企业囿于自身资源和能力，只能在现有资源的基础上表现出明显的市场导向倾向，而后发企业的发展不仅仅是为了生存，同时也希望能够获得持续发展并壮大，因而也对先动型市场导向表现出倾向性。另外，双元性能够为企业带来绩效的改善，对后发企业具有相当的吸引力，这也解释了后发企业的双元性选择倾向。

笔者从吸收能力的观点解释了后发企业管理者在自身能力局限的情况下如何选择市场导向。Lane 等人提出了吸收能力作为“管道”和 “漏斗”的概念，后发企业根据自身的状况会选择吸收能力的不同方面，笔者分别从吸收能力作为“管道”和 “漏斗”的角度，从基于过程的吸收能力解释后发企业在自身能力的基础上对市场导向的偏好。从笔者的研究结果来看，把吸收能力分别作为“管道”和“漏斗”对后发企业管理者市场导向的选择偏好有明显的影响，这有助于笔者更好地理解后发企业管理者考虑自身层面时的市场导向行为选择偏好。Zahra 和 George 提出了吸收能力由知识获取、知识消化、知识转换和知识利用四个维度构成，也体现了吸收能力是基于过程的知识活动，最终强调对知识的利用，而后发企业管理者对反应型市场导向的偏好，也反映了后发企业更多地利用现有知识基础的倾向，其对后发企业选择市场导向的影响更为显著。同时，也不能忽视后发企业对吸收能力作为“漏斗”的利用，这是后发企业在现有知识基础上的探索，对于吸收能力的知识基础的更新具有重要意义。因而，我们对后发企业管理者市场导向选择的研究从吸收能力的不同视角（“管道”与“漏斗”）深化了对吸收能力的理解。

市场导向也反映了后发企业获取顾客需求、市场变革等信息的创造、利用知识的学习导向，因而，后发企业管理者在市场导向上的选择也体现了后发企业的学习倾向。反应型市场导向是一种利用式学习，而先动型市场导向是一种探索式学习，后发企业管理者进行市场导向选择的过程也是后发企业对关于当前与未来顾客需求、商业环境、竞争者战略与行动等的学习过程。组织学习机制的共同演化塑造了企业的动态能力，后发企业在识别、收集、理解顾客需求、竞争者战略等的过程中都包括了经验累积、知识编码、知识说明的学习过程，因此后发企业的市场导向对于吸收能力的演化具有重要的促进作用。因而，笔者的研究贡献了对后发企业吸收能力形成及演化过程的理解。本研究所设计的测量量表见附件。

4.7.2 实践意义

基于过程的吸收能力为后发企业管理者构建后发企业能力提供了一条路径，即通过探索式学习对外部环境进行知识搜索、获取并理解对企业有价值的新知识，不断地实现新知识在消化和转换之间循环或者通过转换式学习、消化新知识，最后通过利用式学习应用已消化和转换的新知识。

在资源依赖的结构下，后发企业管理者必须采取依赖关系的重构运作，即采用双边或单边的重构操作改变后发企业与顾客之间的权力不平衡关系，避免因顾客权力过大，而对后发企业形成“顾客强迫”。同时，通过权力的使用，加强顾客对自身的依赖，从而有助于后发企业市场战略的实施。顾客是后发企业赖以生存的根本，在重构两者权力依赖结构的同时，后发企业也必须加强与顾客的联系，建立相互依赖的互惠关系，与顾客形成持续的交互。

后发企业管理者在市场导向的选择上不能盲目地采用双元性，双元性的实施需要企业具备良好的资源基础，当后发企业不具备实施双元性的合适的资源时，后发企业应根据自身状况选择某种合适的市场导向。同时，后发企业管理者在利用自身吸收能力进行市场导向选择时，也必须考虑利用吸收能力的“管道”和“漏斗”的作用，在不同的情景下，选择吸收能力的不同过程来帮助自身进行市场导向的选择。

5 基于过程视角的后发企业“价值-能力”双循环与顾客锁定研究

后发企业的市场导向有两个基本的倾向，即反应型市场导向和先动型市场导向。对后发企业市场导向的研究主要从静态层面和动态层面来进行。上一部分在静态层面，讨论了在外部“双向资源赖”格局和企业内部能力基础影响下，后发企业的市场导向行为倾向和决策，并通过内外部因素研究了后发企业市场导向的行为倾向与决策的影响机理。同时，采用政策捕捉方法对笔者提出的假设进行了检验，并最终得到了一些具有研究意义的结论。接下来，笔者从动态层面，采用纵向的过程分析后发企业的过程演变，重点关注后发企业与环境的互动,特别是市场与顾客的互动过程中企业如何一步步演化成不同的两种结果：一种是顾客锁定困境，另一种是能力构建反超。本部分的研究在上文研究基础上进一步探讨反应型市场导向下后发企业的能力构建过程，并揭示在能力构建过程中后发企业如何进入顾客锁定的困境。

5.1 研究方法与数据获取

5.1.1 研究方法与设计

上部分论述中笔者已经探讨了后发企业面对的外部“双向资源依赖”的结构：技术上受制于国外技术领先企业的技术传递或者输入；市场上受困于国内本土顾客，并与二者产生了紧密的联系。那么在这样的处境下，后发企业不同的市场导向就决定了其能力构建的过程不同。我们探讨的主要问题是在反应型市场导向下后发企业的能力构建过程，以及在这个过程中后发企业如何进入市场导向的协同演进锁定的困境，融合了企业经历的不同阶段和与环境互动的过程，探索后发企业协同演进“锁定”的过程观的解释。为了剖析后发企业的能力构建过程，有必要考察一家典型的后发企业在其几十年历史进程中的发展状况。通过提炼出的数据，同时对理论进行归纳演绎提炼出后发企业的“价值传递”过程与“能力补缺”双向循环模型，并借此刻画后发企业基于过程的吸收能力；后发企业在外部环境变为开放的条件下，外部的“双向依赖”的关系对“价值-能力”循环过程存在的二元性影响关系；市场在震荡过程中，“价值-能力”过程中后发企业加速进入了顾客锁定的进程。

为了解决上面的问题，笔者选取了一个典型的纵向案例研究方法，采用了时间纵向的、过程设计的、基于事件路径沿革的研究方法。之所以选择时间纵向的研究方法是基于以下考虑。第一，本研究聚焦于企业的过程演变，从简单的权变进入对组织与环境关系的复杂演化的深入理解，需要充分洞察组织变革随时间的出现、发展、成长和终止。因此，我们选择了东方汽轮机厂（现为东方汽轮机有限公司，以下简称“东汽”）从 1966 年建厂到 2006 年共四十年的生产质量、市场营销和友好往来相关的数据，长达 40 年的纵向设计可以确定事件发生的次序，并有利于因果关系的识别，并且有助于揭示组织的动态性。第二，理论构建过程往往在“观察、分类和链接”等过程中不断循环与重复，纵向案例的考察是行之有效的方法之一。理论构建过程在观察、分类和链接 3 个过程的不断循环中得以实现，通过梳理东汽的大事记，同时，对各相关活动的负责人进行访谈，包括对跨三代领导人的深度访谈，对公司的发展和进程有了更加深入的理解。第三，对两个或者多个不同时点的同一案例进程进行研究，适用于探索演进过程中的新理论。单案例研究有助于发现和跟踪企业在实际运行过程中所出现的现象和问题，对两个或者多个不同时点的同一案例进程进行研究，适用于演进理论模型的构建。对于组织与技术学习的研究，国内有相当一批学者采用了单案例的研究方法。

由于本书主要涉及的问题是后发企业在反应型市场导向下的能力构建过程中为什么会一步步陷入顾客锁定，而根据 Yin 的理论，回答“如何做”和“为什么”的管理问题，需要采用案例研究的方法，故笔者确定了本研究需采用案例研究。而又由于笔者采用的是对典型企业的纵向研究，所以就必须去对典型现象和对应的企业背景进行深入理解和解释。笔者对东汽 40 年的经营资料进行收集并跟踪了七年企业的发展轨迹和背景，收集了大量的实地资料，特别是笔者对其从建厂以来的主要领导进行的深度访谈形成了笔者对企业详实的记录。为了对这些文本资料进行归纳和提炼，本研究不适用已经成熟的研究方法，故采用了能提炼概念并构建理论的“扎根理论”的研究方法。通过不断的对比、提炼、讨论及加入新的要素形成了研究的主要内容和基本逻辑。

本研究设计分为三个部分。首先，由于大多数都是文本数据，因此将获取来的文本数据进行编码处理，采用事件编码规则对数据采集和入库；其次，笔者采用扎根理论方法对事件数据进行分析，形成分类识别、价值循环模型、阶段划分和事件特征分布；最后，笔者按照事件划分的阶段逐一开展过程分析，得到各阶段的过程循环图和命题。

5.1.2 背景介绍

东汽是集研究、设计、制造为一体的综合型大型电站设备国有企业，是我国三大汽轮机制造基地之一。东汽成立之初主要以小型机组为主，经过自主创新突破了 300 MW 汽轮机技术。从 20 世纪 80 年代开始，东汽开始独立面对市场的竞争，逐步成为我国在发电设备制造行业重要的龙头企业。随着中国发电设备制造业兴起的“市场换技术”战略，东汽迅速进入技术引进的时代：1991 年引进日立 600 MW 机组技术；2001 年引进日立改进型亚临界 600 MW 机组技术；2003 年引进日立超临界 600 MW 机组技术；2004 年引进日立超超临界 1000 MW 机组技术；2005 年开始合作设计 34 寸空冷末级叶片；2006 年引进日立超超临界 660 MW 机组技术。与此同时，东汽还与美国通用公司、法国阿尔斯通公司，以及日本其他大型公司进行了大量的技术和经济合作。与法国的阿尔斯通公司合作让东汽进入了核电制造，与日本三菱公司联合研制的高国产化重型燃气轮机已形成批量生产，与德国 REpower 公司合作让东汽成为国内风电领域开发的领先企业。在国内市场上，与全国几十家发电企业形成紧密的上下游合作关系，特别是在市场转型期，东汽加强了与国内企业的合作，与国内顾客形成了强烈的依赖关系。如与山东黄台电厂、山东黄岛发电厂、广东电力发展有限公司、华润电力有限公司、中国国电集团等多家公司建立合作关系。作为一个能源装备企业，东汽与下游的发电企业积累了长期的合作关系，累计生产和交付发电设备上千余台，装机容量超过 2 亿千瓦，在中国汽轮机市场的占有率超三成，产品畅销全国 27 个省市和世界多个国家。

东汽作为我国发电设备行业重要的企业，从 1966 年建厂到 2006 年，经历了四十年的独立发展。笔者收集了东汽历年的工业增加值，如图 5-1 所示，东汽 1991 年以前以自主创新为主，工业增加值变化不大；1992—2000 年，外部技术引进和市场需求的变化，使东汽的工业增加值也出现了波动；2001 年以后由于受政策影响我国电力市场出现井喷式爆发，东汽的工业增加值快速增长。从技术发展的阶段看，东汽同国外主要发电设备制造企业存在技术上的差距，特别是在一些基础性技术上差距明显，属于典型的技术后发企业。近 30 年来东汽的技术主要依靠从外部技术引进、然后简单消化吸收后很快就转化为生产力，并没有对技术进行实质性的创新，这个模式成为东汽技术战略的主要取向，同时，东汽也面临来自市场变幻的机遇与压力。东汽完整经历了“自主创新”

“技术引进”和“市场萎缩和爆发”等过程，是研究后发企业技术创新、技术引进和市场关系的不可多得的纵向案例。

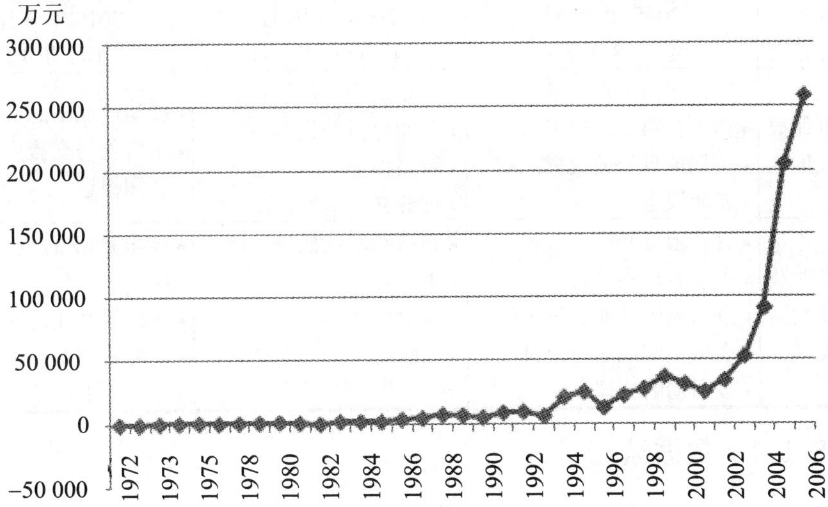

图 5-1 东汽 1966—2006 年的企业工业增加值

5.1.3 数据来源与获取

在可获取的二手数据的选择上，本研究考察了东汽在其四十年历史（1966—2006 年）进程中所保留的年鉴、大事记等对企业发展过程中企业“制造、质量与客户交付”类事件的记录。这些事件的文本记录，既是东汽在发展过程中重要节点的“表象”，也反映了东汽经营重心的转移。事件路径相当于东汽演化过程的一系列“窗户”，笔者希望透过它看清“窗内”的世界。

基于东汽二手事件数据的线索，笔者开展了七年（2005—2012 年）的实地跟踪研究，包括大量的实地调研、访谈、事件资料整理和亲历事件记录等，笔者将具体的研究过程划分为三个时段，见表 5-1 所列。

表 5-1 实地跟踪研究分阶段情况

每一阶段的数据收集、整理与完善	第一阶段 2005 年 10 月 至 2008 年 5 月	第二阶段 2008 年 10 月 至 2009 年 8 月	第三阶段 2010 年 8 月 至 2011 年 12 月
主要事件数据的收集	• 公司管理层访谈 • 走访各个部门（技术、管理、服务、营销、制造等）	• 历届厂长访谈 • 企业外调人员的访谈与回顾 • 重大事件的见证者访谈 • 典型案例研究	• 事件分类小型讨论 • 阶段划分小型讨论 • 事件总体趋势专题讨论

（续表）

每一阶段的数据收集、整理与完善	第一阶段 2005 年 10 月 至 2008 年 5 月	第二阶段 2008 年 10 月 至 2009 年 8 月	第三阶段 2010 年 8 月 至 2011 年 12 月
二手事件数据的收集	• 宣传部门事件记录 • 档案资料的历史记录 • 计划项目处的数据汇编 • 新闻报道	• 计划处产品信息数据 • 行业分析与报告 • 新闻报道 • 行业交换资料	• 投运产品信息 • 出版物与交流资料 • 新闻报道
亲历事件及其事件数据的收集	• 企业项目研究 • 重要客户走访 • 进入风电产业决策过程 • 燃机试制成功与交付 • 技术创新会议	• 制造新基地建设 • 重要客户走访 • EDP 培训 • 在职博士、硕士论文指导	• 风电产业的快速发展与问题 • 太阳能产业发展困境 • 新能源技术引进 • 在职博士、硕士论文

5.1.4 数据编码

为了避免事件选取中存在主观偏见，笔者全样本保留了东汽资料记录中“生产质量、市场营销和友好往来”的事件数据。对获取到的事件数据笔者定义了事件编码的规则：（1）事件码（事件发生的年月日共 8 位数字）；（2）分类识别（对事件类别的判断）；（3）参与人（事件主要的参与方）；（4）事件描述（事件过程的简要描述文本）。

经过几个阶段的收集、整理和完善过程，笔者共保留了从 1966 年到 2006 年共 1299 个事件数据，建立了统一数据库并编码。运用质性研究的扎根分析，并参照 Poole 等人定义和编码事件的过程来分析，研究过程中还做了以下工作：（1）对所抽取的事件进行评估，保证重要事件不被遗漏；（2）拷贝和编撰过程重复多次，使事件描述满足完备性；（3）重复访谈和多来源资料数据的印证过程，多次复查事件编码以达到一致性。事件数据在编码完成并输入数据库之前重复检查，事件描述的文字差异被控制在百分之五以内。表 5-2，给出了一个典型事件的编码。

表 5-2 东方汽轮机有限公司典型事件编码示例

事件码	20061023
分类识别	需求输入
参与人	广东惠来电厂
事件描述	我厂接到中国技术进出口总公司中标通知书。我厂在广东惠来电厂一期工程 3、4 号 2×1000 MW 超超临界燃煤机组主机汽轮机设备招标中，一举中标

5.2 数据分析

在质性研究中，不同的分类识别会得到不同理论命题。我们采用扎根理论的方法对这些事件数据进行分类。扎根理论是将收集来的资料在分析过程中，通过不断地进行资料与资料分析的对比构建出理论。该方法的关键环节在于资料的收集，又称编码。也就是将收集来的资料（一般为文本资料）加以分解重组，并概念化文本中的现象，再通过提炼将概念重新抽象、提升到核心范畴的系列资料处理过程。资料编码后抽象到核心范畴是研究的又一个关键环节。核心范畴能最大程度上解释编码后的资料，通过对编码后的资料进行反复的对比和讨论从而以此为依据得到研究结论和新的概念。所涉及的自然的事件数据及其过程中保留的记录被看作是企业管理者对目标“进行中”的观察，事件记录过程本身被看作是企业对某一方面行动的重视和关注。重复理论抽样和不停比较的过程贯穿整个事件数据的收集、整理、分类识别和阶段划分过程中。理论发展过程反复指向不断修正和确定的分类维度，所获取的事件数据不断收敛于理论判断的适合程度，特别是对事件趋势的解释程度。

5.2.1 事件分类

严格遵循以上数据获取和编码的过程，笔者获得了贯穿东汽四十年（1966—2006 年）历史的生产质量与市场营销的事件数据。分析过程主要围绕如何产生这些事件的分类来展开的。产生事件分类的讨论总是先于数据收集的过程，笔者分组对所获得的事件数据进行阅读，不断提炼大家一致认可的整体事件线索：产品从构思到生产，再到销售和交付，以及后续的售后服务与顾客反馈等全过程。第一，一些事件聚焦对产品质量的需求，这是产品制造过程的输入；第二，产品在企业内部的生产过程，这是产品制造的实现过程；第三，产品被交付给用户，售后的安装与维护，这是产品质量的交付过程；第四，产品被用户使用，使用过程中的服务和用户对产品或新需求的反馈过程。

在数据收集过程中，对事件的说明、特定的细节、其他信息的片段和许多关键词汇不断重复，这对分类形成和理论的演进都起到提升作用。对收集来的资料进行逐条分析，经过文字编码，形成概念并对之进行分类，之后提炼出核心范畴。笔者不断地修正最初的分类，删掉过时的，加入新的来解释新近得到的数据。最终笔者得到了能够囊括所有事件数据的分类：需求输入、内部实现、质量交付和用户反馈。表 5-3 中给出的是笔者得到最终的事件分类的描述及其典型事件与数量。这一分类也较全面地展示了企业在发展轨迹中，不断受到外部影响，包括技术依赖和顾客依赖，更便于对不同时期的企业能力构建过程进行归纳和提炼。

表 5-3　事件分类、分类描述、典型事件与事件数量

事件分类	分类描述	典型事件	事件数量/件
需求输入	外部质量要求的输入，与发电企业代表、投资机构、中间贸易商或相关合作企业之间的合作意向、签署的合同或订单，或上级下达制造任务	鹤壁万和发电有限责任公司总经理等一行 3 人来厂就鹤壁万和发电有限责任公司 2 台 30 万机组的合同执行情况访问工厂	240
内部实现	企业内部的生产、制造及其相应的质量实现过程，将顾客需求信息系统地转化为详细的产品属性和规格的定义，保证目标产品质量在企业内的完成过程	工厂以超额完成全年任务的优异成绩顺利跨入 2004 年，生产电站汽轮机 33 台，862 万千瓦，是年计划 691.5 万千瓦的 125%，再创历史新高	391
质量交付	目标产品的发货、运输和交付给顾客的过程，确保产品能够在顾客处安装、调试和正常运转，并顺利投运	我厂新一代首台 600 MW 汽轮机在浙江嘉兴电厂一次启动成功，15：54 分首次满负荷运行成功，机组主要指标均达到设计要求，各轴承振动符合要求	132
顾客反馈	获取、分析与处理产品在质量实现过程中顾客的意见反馈，包括发现的质量问题与故障，不断发现与获取顾客新的需求信息，驱动下一个质量循环	淮北发电厂党委李书记一行 4 人来厂访问，了解淮北发电厂 210 MW 机组生产情况，并就淮北发电厂和淮北矿务局联合投资新建 4×300 MW 机组煤电联产项目有关事宜与工厂交换意见	536

当数据收集结束的时候，所有事件数据都能系统和完全地满足笔者的分类标准。笔者逐一把事件数据放到最终的分类中去，完成了对 1299 个数据的归类。为了确保分类标准的准确性和客观性，笔者选择了一名独立的审核人员参

与。审核人员具有丰富的研究背景，他对笔者的研究目的并不清楚，笔者让他对一些事件数据进行编码。事先，笔者给了独立审核人员各个事件数据分类的代表例子，并向他阐明了每一个代表性分类的基本原理。从笔者的数据库中随机选择出 100 个事件，让他做事件分类识别。结果显示，独立审核人员有 95 个事件分类与笔者的分类是一致的。所以，笔者认为本文事件分类编码的合理性可得到证实。

5.2.2 事件分类的价值循环

以上事件的分类可以简单抽象为“质量需求—质量实现—质量回馈”的过程，而在这个质量链中隐含了一个质量交付过程，它体现了质量被顾客所接受并实现价值的过程。四个过程首尾相连形成一个封闭的价值循环，如图 5-2 所示。第一，企业对搜集来的顾客需求信息进行分析，输出顾客对产品的质量需求；第二，根据质量需求企业执行产品制造过程，保证产品质量，输出满足顾客需求的产品；第三，企业将实现的产品质量，一般为产品或者技术服务传递给顾客，这个过程会加强企业与顾客间的紧密联系；第四，企业对产品实现过程中，以及质量交付后产生的信息进行反馈以挖掘并获取新的需求信息，从而进入下一个质量循环。其中，内部实现与质量交付过程是由技术驱动的，由内部质量实现过程到外部顾客价值实现；而顾客反馈和需求输入是由顾客需求驱动的，由外部质量需求到成为内部质量系统的输入。在此质量循环中，需求被作为内外部质量循环的分界面，如图 5-2 所示。

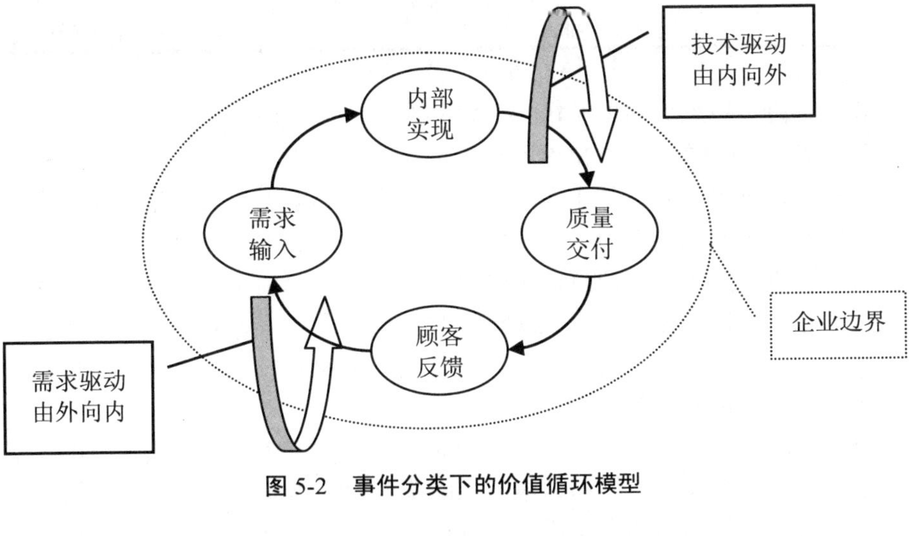

图 5-2 事件分类下的价值循环模型

5.2.3 事件数据阶段划分

从东汽的背景材料和图 5-2 可以看出，东汽价值循环的演进过程初步可以划分为三个阶段：技术导向期、技术引进转换期和市场导向期。第一阶段，由于东汽刚刚建厂，大部分属于自主创新，在几乎没有外部技术的支持下独立开发完成了 30 万机组的产品，笔者将该时期命名为“技术导向期”；第二阶段，由于大量外部技术的涌入，东汽开展了大量的与国外技术领先企业的技术合作，并将引进的技术很快转化为产品，笔者将该时期命名为“技术引进转化期”；第三阶段，东汽在外部市场快速增长下关注并记录了大量与顾客交互的事件，笔者将该阶段命名为“市场导向期”，但是主要是反应型市场导向，因为东汽更多地表现出“关注顾客可以清晰表达的需求并开发出产品和服务来满足这些需求”，见表 5-4 所列。

表 5-4　东汽价值循环三个阶段模式划分

	第一阶段	第二阶段	第三阶段
典型事件阶段名称	技术导向期	技术引进转换期	市场导向期
时间范围	1966—1991 年	1992—2000 年	2001—2006 年
事件点数量	227	420	652
分阶段依据	建厂初期创业过程，独立发展 30 万机组技术，并成功把该技术推入市场	开启了技术引进的时代，并把引进技术转化为产品投入市场	市场快速增长，不断再引进和多产品引进，出现大量关注顾客交互的事件记录

第一阶段：技术导向期（1966—1991 年）。在此阶段，东汽主要是创业与自主研发为主，1982 年 300 MW 机组复查通过，标志着东汽自主开发的汽轮机获得成功。该阶段，企业基本在一个相对封闭的环境下，自主创新技术成为驱动整个价值循环的主要动力，内部实现事件是整个过程的主流事件。

第二阶段：技术引进转换期（1992—2000 年）。由于市场对于新技术的需求，企业通过自主研发已经无法满足企业的技术需求，从 20 世纪 90 年代开始，东汽开始了技术引进。该阶段属于过渡阶段，企业从技术和市场相对封闭的环境过渡到市场和技术的开放阶段。

第三阶段：市场导向期（2001—2006 年）。从 2002 年开始我国电力市场获得了井喷似地增长，市场和顾客需求的快速增长为东汽带来了发展的巨大机会，东汽为了满足顾客的需求不断地进行技术引进，同时，为了在激烈的市场竞争中生存，东汽开始出现了大量关注顾客交互的事件记录，这也是东汽作为市场导向驱动下的客观体现。

5.2.4 事件分阶段的特征分布

在事件分类基础上，笔者把所获取的1299个事件点在时间轴和事件分类轴上描出，事件点在同一类中的上下位置确定采用了随机分布的方式，如图5-3所示。其中，纵坐标的四段从下到上依次为内部实现、质量交付、顾客反馈和需求输入，横坐标为年份。分类从下到上的排列顺序按照价值循环过程的“实现—交付—反馈—需求”的逻辑。从图5-3中可以看出，事件点在部分区域比较集中，为了笔者更清楚地观察和分析事件点的演变趋势，笔者用虚线的椭圆圈来标识事件点集中区域，用箭头表示不同事件时间前后顺序的路径，以便在分析中更清晰地把握事件点演变的趋势。

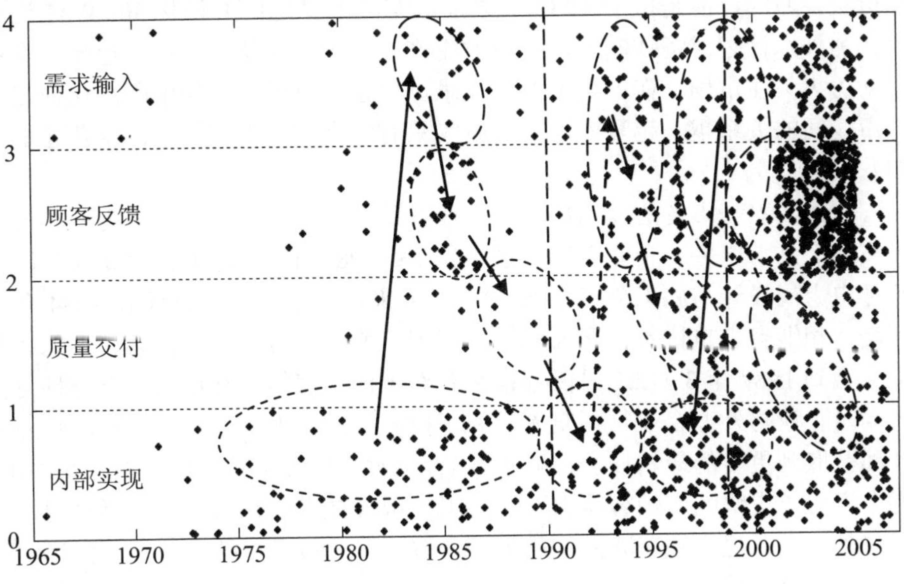

图5-3 东汽1966—2006年事件分阶段的特征分布图

5.3 过程分析

5.3.1 技术导向期

作为行业后来者，东汽主要的技术是来自哈尔滨汽轮机厂的75 MW 机组和 200 MW 机组技术，行业地位、竞争对手和不利的地理环境促使东汽的第一代领导人在 20 世纪 70 年代中期开始了自主开发 300 MW 机组。东汽老一辈领导人为了东汽能更好地发展，在当时计划经济体制下，所有生产任务由中华人民共和国计划委员会（现已改为国家发展和改革委员会）统一分配的情况下，东汽上下拧成一股绳，在条件极其恶劣的情况下自主研发。在这个阶段，自主创新成为驱动价值循环系统的主要动力，本阶段从 1975 年以后出现了大量的企业内部质量实现的事件。

“一开始所有的订单是国家机械局下……20 世纪 70 年代末至 80 年代初才开始建立起营销科，当时都是生产和计划，计划科都是拿订单下来开始组织生产。”

从图 5-3 的事件趋势中笔者发现，从 1983 年开始，出现了较多的外部市场开拓与交流的活动。企业在不断发展制造能力的同时，重心开始转移到需求方面，即这时开始寻求市场，获得更多的订单。此前更多地是对技术的关注，笔者分析主要原因可能是由于 1982 年之前，东汽主要是自主研发 300 WM 汽轮机组，另外，计划经济体制下，企业的生产任务由国家统一安排，也使得企业没有动力去关注市场，在市场上寻求需求。但是，市场经济的不断深化使得企业与市场间的关系越来越紧密，这一时段只有顾客需求得到满足，企业才能生存和发展。

同时，随着与市场的互动加深，企业开始关注质量反馈，从而为顾客提供更优质的产品与服务。企业事件记录中显示：1983 年 12 月 1 日“新西兰国家能源部电力局设计与施工总工程师一行 3 人来我厂参观”，而且从 1984 年 6 月开始，相继有来自日本、澳大利亚、美国、德国的客户来厂访问、参观和考察。一直到 1987 年 3 月 22 日前都很少有对国内顾客的交互记录。有一种可能是，当时企业与外方企业频频交流是为了技术引进，由于市场的开放，企业能从外部获取到更多的最新技术，同时，顾客也对东汽提出了一些新的顾客需求，使得东汽为了更快响应顾客需求不断地引进国外技术。在这样的双重作用下，东汽与外方企业建立频繁联系就是为了获取更多的技术支持。还有一种可能是，由于刚刚改革开放不久，企业对与外企的合作更加重视，也就使得外企与东汽的交互活动全部都被记录下来。从 1988 年以后，东汽就开始大量关注国内顾客，如记录中 1988 年 8 月 20 号“与贵州盘县电厂签订 2 台 200 MW 机组合同”。

后来，企业开始记录质量交付环节中的事件，1985 年 10 月 20 日，“徐州电厂 5 号机——工厂第 13 台 200 MW 汽轮机完成 72 小时满负荷运行”。不仅对交付过程有了关注，还包括后续的售后服务也进行了大量记载。如 1988 年 2 月 25 日“工厂第一台 300 MW 机组停机，前后 22 批 45 人次赶赴黄台电厂赶修”，说明东汽不仅开始重视服务，还开始依靠优质的服务来扩大客户群。

从以上过程分析中可以看出，本阶段处于一个相对封闭的环境，企业自主创新成为价值循环的最大驱动力。在此驱动下，内部质量实现事件成为本阶段的主要事件，此时主要关注内部质量系统的不断调整和改进。同时，事件本身被记录反映了企业在某一时点上关注的重心，从能力的视角看，它代表了企业在此时点重点发展的能力。本阶段在自主创新驱动下，企业先后关注了企业内部实现、需求输入、顾客反馈和质量交付能力。这是一个由技术创新驱动寻求市场价值实现的能力补缺过程，与价值传递过程方向相反，在图 5-2“事件分类下的价值循环模型”下笔者构建了“价值-能力”双向循环模型，如图 5-4 所示。

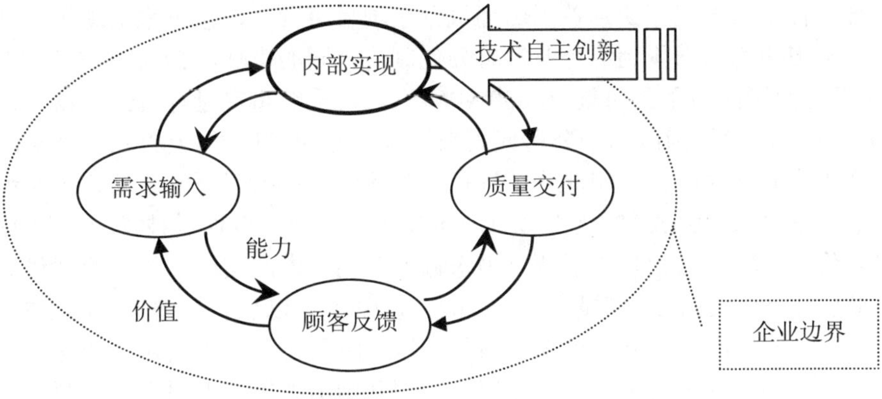

注：箭头⟶表示价值转移过程，箭头⟶表示能力补缺过程。

图 5-4　技术导向期的“价值-能力”双向循环图

由此，笔者得出命题 1：在相对封闭的环境下，后发企业技术自主创新直接作用于内部实现过程，使该过程能力增强，驱动价值循环；市场价值传递的需求推动了能力的补缺过程；反之，能力不断被补缺促进了价值的实现，它们共同形成“价值-能力”的双向循环。

5.3.2　技术引进转换期

在此阶段，企业质量实现的技术驱动不仅是自主创新，而且还可以通过技术引进实现。技术引进过程能够帮助企业快速从外部获取技术，与企业原有技术能力相结合，能够按照市场需要快速完成生产、交付环节，并形成新的需求与订单，从而进入下一个质量循环过程。技术引进过程直接影响的便是质量内部实现类事件，此阶段仍然是主导的事件。如 1992 年 3 月 20 日“执行首次会议在日立工场举行”，同年 6 月 20 日“邹县电厂 3 期 2×600 MW 机组第一次设计联络会在日立工场举行”。“到了 1984 年……在开始考虑引进技术，当时谈判的阿尔斯通和 GE 公司……，一直到 1992 年左右，我们和日立公司签订第一个 600 MW 亚临界的引进技术合同。”“工厂发展很重要……最最重要的是技术的发展和产品的发展。为什么这么说，如果说没有技术，没有产品，那我们就没有市场……如果我们真的是没有引进技术，或者是我们没有任何的核电产品、燃机产品、风电产品和火电产品，那么我们只能做工厂。”

一方面，随着技术引进，价值循环的需求输入发生了变化，出现了一些与外部直接获取技术相关的需求输入的事件。1992 年 8 月 24 日，“日立电力事业部一行 3 人来工厂谈判首阳山辅机分包项目事宜”，接下来出现了分别与日本、美国和德国一些制造企业签署分包制造合同的事件。1994 年 6 月 20 日，“工厂与德国西门子公司就 2×600 MW 汽轮机采购事宜进行首次洽谈”，同年 10 月 12 日，“德国西门子公司代表来厂就东方-西门子关于 2×660 MW 汽轮机合作生产的技术问题、制造分工进行了商谈”。技术引进的驱动让企业可以实现的需求输入大大放宽，一些以前不能实现的需求可以通过技术引进的“通道”进入价值循环，这就开拓了从“需求输入”到“内部实现”的新的替代通路。在此驱动下，此阶段“质量交付”事件在 1995 年以后明显增加（图 5-3）。

另外一方面，“顾客反馈”事件在这一阶段也发生了明显的变化，前期主要与国外制造分包的客户进行交流，后期开始出现了国内用户来企业开展考察和交流的事件。1996 年 4 月 29 日“山东电力局贺电，庆祝我厂与日立公司合作设计、合作生产的首台 600 MW 汽轮机制造完成”。同年 7 月 16 日“华中电力集团公司、河南信阳华豫发电有限公司、河南电力科技试验所、河南电力设计院、河南电力勘测设计院来我厂访问”。接下来出现了来自内蒙古、华北电力集团公司、广东核电集团有限公司、郑州电力公司、岭澳核电有限公司、湖南电力有限公司来企业的访问与交流，到 2000 年，来自辽宁、大同、河南和陕西的电力企业也先后来企业访问。这些都预示着企业的价值循环过程中增加了来自“顾客需求”的驱动力量，“顾客反馈”不仅仅是对已交付产品在使用过程中的信息回馈，而且还有顾客发起的、基于新需要和要求的、主动与企业的沟通和交流的事件。这拓展了从“质量交付”到“顾客反馈”之间的新的替代通路。其中，“顾客需求”特指来自外部顾客新的需求，是在原有价值循环之外产生的需求，与“质量交付”过程产生的需求有差异，如跨国技术领先企业对顾客影响带来的需求变化。

由以上过程的分析，企业在上一阶段是自主创新驱动下的价值传递和能力补缺的封闭双循环，在本阶段技术引进带来了该双向循环过程的部分开放，出现了两个替代通道，如图 5-5 所示。一方面，技术引进过程在价值循环中让更广阔的需求能够在企业内部得以实现，也拉动了更多的顾客沟通、交流和新需求的进入；但同时，技术引进所建立的渠道却会抑制能力补缺的反向循环过程中“内部实现”直接作用于“需求输入”，也就阻碍了对需求输入的引导、影响和开发的能力发展。另一方面，顾客对企业依赖过程在价值循环中让质量交付更容易转化和激发新的需求，使得顾客更愿意主动与企业进行互动，让更多的需求变成协议和订单，不断拓展内部质量实现的输入；但同时，顾客需求所形成的通道却会抑制能力补缺的反向循环过程中“顾客反馈”直接作用于“质量交付”，也就会抑制企业产品的交付能力和服务能力的提升。

由此，可得命题 2：技术引进直接作用于价值传递和能力补缺的双向循环过程，增强了内部实现能力；后发企业的技术引进和顾客需求构成了该循环过程中的两个替代通路，它们替代了原有的价值传递过程，阻碍了能力补缺过程。

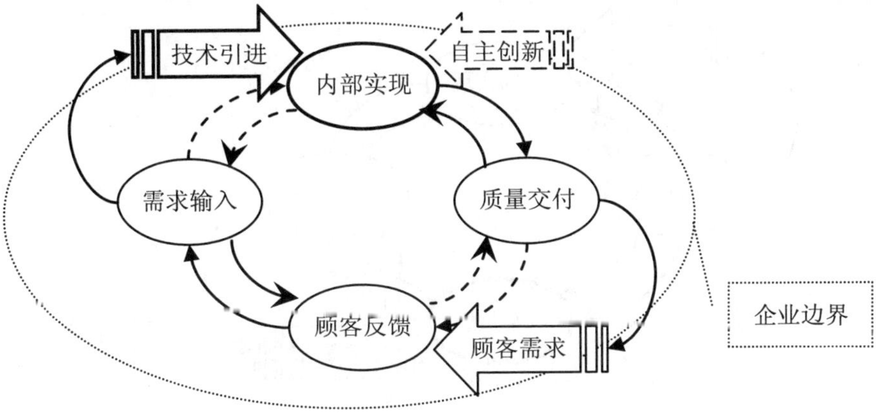

注：箭头⟶ 表示价值转移过程，箭头⟶ 表示能力补缺过程；箭头- - ➔ 表示对价值转移的替代作用，箭头- - ➤表示对能力补缺过程的阻碍作用。

图 5-5 技术引进转换期的“价值-能力”双向循环图

5.3.3 市场导向期

此阶段顾客与企业的交流事件急速增加，市场对产品的需求信息不断得到反馈。这个时期出现的显著变化就是来自客户间交流的“顾客反馈”事件大幅度上升，产品“质量交付”事件也明显增多，“需求输入”事件保持平稳性增长，而产品质量“内部实现”事件明显减少（图 5-3）。

最大的趋势变化来自“顾客反馈”类事件，记录中显示从2001年1月8日“山东潍坊电厂生产厂长梁化忠一行7人来厂了解我厂300 MW汽轮机通流改造事宜及改造方案，工厂总工程师张志英等接待了客人”开始，大量的顾客交流成为本阶段的主导性事件。这些事件不是直接由“质量交付”事件导致的，与之相联系的是外部环境变化。我国电力市场2001年以后出现了井喷似的爆发，市场对产品需求的激增，导致顾客对企业依赖性增强。例如，2001年10月11日，“黄岛发电厂李济英厂长一行3人来厂访问，主要了解2#机组改造设备生产进度和交货情况”。在这些事件中，顾客最关心产品的交货进度、生产能力和技术能力，很少出现通过“质量交付”事件而导致的“顾客反馈”事件。同时，大量顾客交流带来的压力被直接转换成“需求输入”，进而通过技术引进变成内部质量实现过程和质量交付过程，很难直接转化为“质量交付”能力提升的动力。相反，“需求输入”的压力直接导致对“顾客反馈”的持续关注和能力提升。

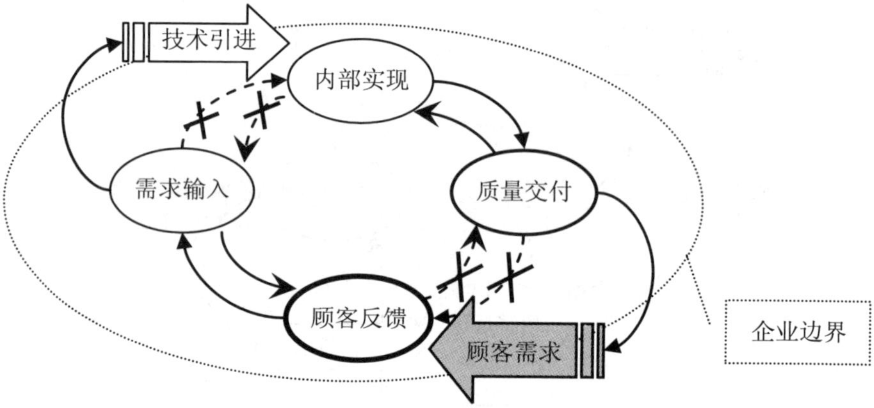

注：箭头 ⟶ 表示价值转移过程，箭头 ⟶ 表示能力补缺过程；箭头- - ▸表示对价值转移的替代作用，箭头 - -➤ 表示对能力补缺过程的阻碍作用；箭头 ✝ 表示完全替代和阻断作用。

图5-6 市场导向期的“价值-能力”双向循环图

市场需求的压力并没有直接推动质量“内部实现”事件的快速增加（反而下降），因为技术引进过程大大缓解了内部压力，如2002年12月8日“三菱燃机客人来厂就技术转让、控制系统合作等方面内容与我厂进行会谈。”而企业的产出逐年提高，如2004年1月1日记录的事件，“工厂以超额完成全年任务的优异成绩胜利跨入2004年，生产电站汽轮机33台，862万千瓦，是年计划 691.5 万千瓦的 125%，再创历史新高。”质量内部实现事件很难拉动“需求输入”能力的提高，相反，它把压力推给了“质量交付”类事件。此阶段产品“质量交付”事件也明显增多，如 2004 年 8 月 19 日“我厂制造的内蒙古托克托电厂 4 号机（D600BN5）首次定速 3000 RPM 启动一次成功，汽轮机运行稳定，各瓦轴振动优良。”

由以上过程分析可知，此阶段来自外部市场的突发式增长作用于双向循环过程，“顾客反馈”与“质量交付”，“内部实现”事件和“需求输入”事件之间的联系被切断，直接导致了市场协同演进的锁定。当外部顾客直接访问企业，企业最直接的应对方式是直接接待，而不能被转化为需求输入的信息，则反馈作用于“顾客反馈”的能力补缺。大量的交流信息被转化为协议、订单，需求借助技术引进一起作为输入进入产品质量的内部实现过程，而内部实现又把这种压力转移到“质量交付”过程，“质量交付”继续把压力转嫁给了对顾客的依赖性，而顾客通过“顾客反馈”类事件直接作用于企业应对“顾客反馈”的能力补缺过程。于是，后发企业陷入协同演进的困境，紧紧地被锁定在与顾客之间的交互过程，如图 5-6 所示，进入顾客锁定。

在命题 2 的基础上，笔者得到命题 3：顾客需求直接作用于“价值-能力”双向循环过程，增强了顾客反馈能力；当技术引进的开放过程遭遇外部市场的爆发式增长时，顾客需求主导该双循环过程，替代通路完全取代原有价值传递过程并阻断能力补缺过程，后发企业进入协同演进的顾客锁定。

5.4 理论启示

以上过程分析所得到的“价值-能力”双循环图和命题，为后发企业吸收能力过程观、外部资源依赖结构和协同演进锁定都带来了新的理论启示。

首先，本研究发展的一种价值传递与能力补缺的双循环过程的理论模型，对后发企业基于过程吸收能力的研究带来新贡献。在目前条件下，中国企业对外来技术的吸收能力是企业竞争优势的重要来源，会影响到企业的绩效水平。一个企业通过一系列过程（如探索、转型和利用学习）之后利用外部知识，这一过程强烈地依赖于环境振荡的程度。“价值-能力”双循环可以清晰显示出后发企业吸收能力的两个过程特性。第一，它可以有机地衔接后发企业技术利用和价值传递的全过程。后发企业利用外部技术，进行内部转化，关注过程转换的“有效性”。通过“需求输入、内部实现、质量交付和顾客反馈”过程，后发企业能够有效传递价值，构成一个封闭的价值循环。第二，它展示了后发企业需求性的能力补缺过程。对外部技术的有效获取与利用需要后发企业不断发展能力，就像“学生”更好的能力基础可以找到更多的“老师”。这一过程是后发企业根据价值传递本身所暴露出的需求去逐步弥补原有能力的缺陷，是在不同时间节点上有针对性的选择。命题 1 表明：后发企业利用外部技术与市场输入和实现价值传递过程带动了企业反向弥补能力缺陷的过程，同时，发展企业能力的过程让后发企业更好地利用外部技术与市场知识，推动价值传递过程。

其次，本研究揭示了开放条件下后发企业外部替代通路对“价值-能力”双向循环过程的双向影响，为后发企业技术追赶引入“双元”思维范式。在开放条件下，跨国技术领先企业拥有剩余的技术资源不能被充分利用，后发企业在市场上具有相对优势但需要从外部获取和利用技术。后发企业对技术和市场的双依赖关系给封闭的“价值-能力”循环带来某些替代通道（图 5-4）并影响其过程。这种影响是一个“推动”与“阻碍”并存的关系（命题 2）。一方面，技术引进过程构建了顾客反馈同内部质量实现之间的替代途径，稳定的顾客关系形成了维持顾客满意的通道，它们共同推动了价值循环过程。市场反馈的需求能够直接从外部获取技术，故价值实现与需求反馈之间的时间间隔被有效地缩短了，企业可以在短时间内满足顾客需求新的变化。另一方面，替代通道缓解了后发企业来自技术创新和顾客关系上的压力，也分散了企业能力补缺的动力。直接的资源配置和质量实现会受到来自现有顾客的压力，甚至是“顾客胁迫”，过分关注现有的、已知的顾客需求削弱了后发企业的创新能力，直接引致企业对市场的强依赖关系。

最后，本研究发现了后发企业顾客协同演进锁定现象，并给出了过程的剖析。在市场波动影响下，当“价值-能力”双循环在开放条件下建立的顾客需求替代途径成为强影响时，它就会阻断后发企业“顾客反馈”与“质量交付”之间的内在联系，进一步削弱“需求输入”与“内部实现”之间的交互过程。当顾客需求爆发增长并主导该双循环过程时，将阻断能力补缺过程，需求反馈会加快后发企业进入顾客锁定（命题 3）。导致组织在振荡环境中表现出惰性，外部技术的输入便成为企业快速填充能力补缺过程的习惯性行为，重新配置和演变成为元惯例。后发企业陷入顾客锁定的过程可以自然联系到 Burgelman 关于“协同演进锁定”困境的论述，“一个正的、不断强化的反馈过程，它把一个公司已有的战略成功同已有‘产品-市场’环境不断地紧密连接在一块，导致很难改变现有的、固定的战略方向。这也从另一个角度阐明了后发企业在与顾客交互关系的演化进程中的战略倾向性选择与过程逻辑。”

诚然，中国企业在短短几十年的时间走过了相当于发达国家企业近百年的历史，在这个阶段里中国企业实现了技术和市场双重能力的追赶，这是一个时间演化与管理复杂的过程。中国企业经常面临市场弱势，当企业同时面对来自技术和市场的双重压力时，它们容易陷入技术获取或顾客关系的一些困境。这可能是战略权衡与决策上的“短视”，但更多的时候是来自过程背后的一致性趋势，协同演进过程让后发企业进入锁定状态而不能调整。笔者关注后发企业的顾客锁定便是基于这样的研究视角，本书发展出的“价值-能力”双循环模式让顾客锁定过程的剖析更加明晰。对困境的剖析是为了让后发企业能够真正走出困境，希望本书能够为企业的管理者们带来启发。

6 后发企业市场导向实现能力赶超的过程研究

通过上一部分对后发企业价值传递和能力弥补的过程分析，可以发现后发企业从外部引进技术然后将引进的技术内部吸收，最终实现价值的过程中很容易陷入过分依赖顾客的境地，笔者从过程入手探寻后发企业是如何在这个过程中陷入顾客锁定，以及构建能力的。笔者通过对典型企业的常年跟踪调查，以及扎根分析，最终给出了结论。第一，在相对封闭的环境下，后发企业的内部价值循环中也同时伴随“能力补缺”的逆向过程，它们共同形成“价值-能力”的双向循环结构，正向的过程就是企业的价值传递过程；而反过来企业在传递价值的过程中发现企业存在的能力缺失，然后有的放矢地针对能力缺失内容进行补充，笔者称之为能力补缺过程。第二，市场开放时期，技术引进带来了“价值-能力”双向循环中的部分开放，在价值循环过程中技术引进与顾客依赖形成的替代渠道，它对“价值-能力”双向循环同时兼具推动和阻碍作用，一方面推动着价值循环过程能更快更顺畅地在企业内部流通；另一方面，企业的质量循环过程经由两个替代渠道循环后，原有的“价值-能力”循环中的部分环节没有得到反馈，企业也就不了解在这个环节中企业的哪些能力缺失，那么对于企业能力补缺环节就形成了阻碍作用。第三，在市场爆发期，顾客需求直接作用于质量交付环节，大量外部顾客直接访问企业，企业将顾客需求直接转换为订单进行价值传递，而以往的“需求输入—内部实现—质量交付—顾客反馈”被直接阻断，“价值-能力”双向循环过程被阻断，从而迫使企业过分地依赖顾客，进入顾客锁定困境。企业只能将眼光和资源紧紧地放在现有顾客身上，导致进一步地顾客依赖。这个过程显而易见是反应型的市场导向占主导的过程。通过对典型企业的三个阶段的分析，笔者还原了后发企业在反应型市场导向下企业如何一步步进入过程困境而难以脱离。

那么，本部分笔者期望通过两个典型企业的案例来探讨后发企业在“双向资源依赖”的背景下，如何借助市场导向与顾客建立起强联系，并通过市场导向去影响企业发展，从而走出过程困境。或者说，后发企业也可以在发展能力的过程中，寻找出一条适合自身企业能力和资源的途径，而不至于陷入对外依靠国外技术领先企业的技术输入，对内被国内市场的顾客锁定的两难境界。

以三星电子公司（以下简称“三星电子”）、华为技术有限公司（以下简称“华为”）为研究对象，探讨这两家企业在发展过程中，如何摆脱技术上依靠技术先进企业，市场上依赖国内顾客的两难境界，又如何在这个发展过程中构建企业能力的。选择这两家企业是基于以下的考虑。一方面，这两家企业具有很强的代表性，都作为后发企业进入行业，起步较晚，但进入的行业都是竞争激烈，技术依赖性强的行业，两家企业具有以点带面的作用。三星电子目前已经完全摆脱了后发企业的范畴，从一家后发企业迅速成长起来并成为目前电子行业的领先企业，在短短几十年的过程中，三星电子完成了作为后发企业赶超领先企业的巨大蜕变；而华为从代理商做起，经过几十年的发展，已然成为全球通信业具有领导地位的供应商之一。另一方面，三星电子和华为作为新兴经济体的后发企业，他们在发展历程中有很多共同点，这两个企业的发展历程对研究后发企业具有很强的指导性。不管是韩国的三星电子，还是中国的华为都代表了后发企业，它们相比于跨国技术领先企业有很大的先天劣势，那么如何在激烈的市场竞争中，不仅在国内立足，而且在国际市场上占据一席之地，笔者期望通过对这两个企业的研究能够为其他后发企业提供一定借鉴。

6.1 基于三星电子的企业发展历程分析

6.1.1 背景介绍

三星电子隶属三星集团（以下简称“三星”），三星在 20 世纪 40 年代以前主要从事的是水果和干鱼的进出口贸易。从 20 世纪 50 年代，三星开始涉及日用消费品行业，很快就获得了最初的原始积累。韩国从 20 世纪 60 年代开始，国家产业政策进行了大调整，三星及时响应国家的产业政策，从最开始主要面对国内市场开始转型为以出口为主，开始开拓国际市场。同时，将企业的产业也进行了调整，顺势进入了电子产业，先后成立了三星电子、三星半导体等企业。

20 世纪 70 年代，韩国的国家产业政策又进行了调整，三星又一次紧跟政府政策风向标，发展化工产业，先后建立了三星石化、三星精密、三星重工等企业。20 世纪 80 年代，韩国政府将电子、汽车等技术产业转为国家重点发展的主导产业，三星开始加大对这两个产业技术研发的投入，同时三星还在发展多元化的战略。产业涉及电子产业、半导体产业、通信产业、航空产业、精密化学等多个行业。到了20世纪90年代，电子产业和半导体产业已经完全摆脱了后发企业行列，实现了从后发企业向国际领先企业的华美转变，从一个不起眼的外贸公司发展成为一家引领行业发展的国际跨国公司。三星的品牌价值到2013年已经达到588亿美元，成为世界排名第二位的企业，被评为发展最快的国际品牌，真正成为席卷全球数字革命的领导者。

三星电子正式成立之初就明确了三星电子的业务范围，业务范围主要是集生产和研发为一体的半导体、计算机产品、消费类电子产品的大型电子企业。成立之初，三星电子就以电子技术领先的日本企业为标杆，并将索尼电子作为自己超越的目标。刚刚成立之初，三星电子的主要业务是为日本三洋公司做产品代工，产品也很单一，仅仅是制造利润薄弱的12寸黑白电视机，赚取微薄的代工费用，处于微笑曲线的最低端（制造）。20世纪90年代，三星电子在普通大众的心目中是一家依靠模仿和抄袭别人产品制造低廉产品的公司，甚至在欧美国家三星电子是地摊货的代名词。就是这样的起点，但是最终却取得了令人瞩目的成功：2005年，超越最初的目标——日本索尼公司，登顶世界家电企业的宝座；2007年，成为全球手机终端制造企业第二大企业，并打败了在手机制造领域的领先企业摩托罗拉；2009年，战胜了科技行业的领先企业西门子和惠普，成为世界上最大的科技企业；2012年，在世界财富500强企业排行榜中位列全球排名第20位；2013年，三星电子成为科技公司中全球排名第一，超过了苹果公司（位列全球排名第14位）；2014—2016年连续三年在世界财富500强企业中排名为第13位。

对于三星电子的研究一直是一个热门话题，分析发现现有的研究主要从技术能力和管理层面进行了研究。有的人认为三星电子的成功主要是国际市场的变化使得三星电子获益，包括美日贸易争端；有的人认为三星电子的成功主要归因于产品设计创新，以及高投入的研发实力；也有人从三星电子内部的企业组织结构入手，研究三星电子注重以人为本的企业文化等方面。当然三星电子的成功是众多因素的共同作用促成的，学者们对三星电子的研究为笔者提供了丰富的资料和有用的启发。笔者的研究以市场导向为视角，通过三星电子的发展过程进行过程分析，以期揭示后发企业在企业内部与市场的“质量-价值”循环过程中，是如何避免陷入顾客锁定的，并在此过程中构建自身能力体系。

6.1.2 20世纪70年代——产业进入期

20世纪70年代，电视机成为普通家庭梦寐以求的产品，以此为代表的家用电子产品成为需求旺盛的产业之一。同时由于新技术的不断输入，新产品不断涌现，促使消费者的需求不断被挖掘。电视机在很短的时间内经历了不同的时代，从最开始的黑白电视很快就发展到彩色电视，从球面电视发展到了平面电视，从模拟信号发展到数字信号。在这个过程中，消费者不但作为使用者同时也不断为产品提出新的功能诉求和外观需求，推动着电视机产业的发展。

在20世纪70年代，家用电子产品纷纷成为热销产品，利润丰厚。正是看到了电子行业的巨大市场，三星电子瞄准了电子行业。但一开始进入该行业选定的却是12英寸黑白电视机产品。从20世纪50年代开始，西方主流市场已经出现彩色电视机，黑白电视机当时已经进入产品生命周期的衰退期，利润并不高，在西方主流市场上很多消费者开始追捧彩色电视，对黑白电视的关注度并不高。虽然，黑白电视机在西方市场没有很大的需求量，但是对于一些欠发达地区却有很大的市场，甚至连国外发达国家淘汰的二手黑白电视机在欠发达地区都成为热销产品。作为一个刚刚进入该行业并没有任何优势的三星电子来说，选择黑白电视机作为切入点却是一个非常明智的选择。如果三星电子一开始就选择技术难度大，而且在美国市场也属于热门产品的彩色电视作为切入点，显然是很难获得成功的。

由于彩色电视机刚刚进入市场，彩色电视机的市场前景可观，因此国外拥有彩色电视机技术的几家技术领先企业不可能将该技术转让给三星电子。三星电子很快就与日本的企业达成协议将已经快过期的黑白电视机的成套散件和组装技术转让给三星电子。而三星电子由于之前完全没有相关的技术，因此只有被动地接受国外技术领先企业的技术转让条件。另外，三星电子通过对市场的细分发现，在20世纪70年代彩色电视机在消费能力强的发达国家属于畅销产品，需求量很大，销量很好，利润可观，因此西方的技术领先企业纷纷选择放弃利润薄弱的黑白电视机而主要生产热门的彩色电视机，但是在收入水平较低的发展中国家还普通存在对黑白电视机的大量需求。很多家庭将黑白电视作为家庭消费的必选项目，对之趋之如骛。尽管国外技术领先企业对黑白电视机的低利润已经看不上了，但是对于刚刚进入该行业的三星电子来说，选择黑白电视机既可以从技术领先企业获得技术，同时又可以避开与国外技术领先企业的直接竞争，进入对低档产品有需求的细分市场。而且由于黑白电视机的技术相对来说较简单，三星电子的技术人员通过专研，短期内就将组装成本降低到了一定的程度。1969年，三星电子从日本索尼进口黑白电视的整套散件，并自己组装后运往海外低端市场销售。黑白电视机的海外销售获得了很大成功，大量订单应接不暇。

三星电子进入电子行业的第一步走的很稳也很成功，得益于对技术、市场，以及产品的正确分析和匹配。虽然技术并不是最先进的，但是只要选对了市场，瞄准细分市场，就可以将产品成功的打入市场，并在市场中站稳脚跟。同时对照上一部分的研究发现，三星电子一开始进入行业，也同时处于典型的“双向资源依赖”的背景下，技术上依赖日本索尼，不仅进口日本索尼的整套散件，而且还由日本索尼为其提供技术指导进行组装；同时，在市场上，采用贴牌的方式，将生产的黑白电视机贴上日本三洋品牌进行销售。

三星电子选择进入市场的12寸黑白电视机取得了不俗的成绩。三星电子当时与外国技术领先企业签订的技术支持协议，国外技术领先企业仅仅能向三星电子提供组装技术，其他电视机生产的关键技术无法获取。三星电子并不甘心停留在组装环节，通过与国外技术领先企业积极合作，在获取更多的技术支持基础上，三星电子集中全公司的技术骨干对关键技术进行消化吸收。通过自身研发系统的不断钻研，到20世纪80年代，三星电子已经自己掌握了黑白电视机的关键技术。继黑白电视机的成功研发后，三星电子通过同样的方法，将从外部获取的技术进行消化吸收，在技术上突破了彩色电视机的关键技术后，同步地开发了14英寸彩色电视机。而在市场方面，同样延续黑白电视机的市场路径，将彩色电视机销往巴拿马等欠发达国家和地区，避开与国外技术领先企业的直接市场竞争。到了20世纪80年代后期，由于韩国日渐增高的人力成本，三星电子分别在全球人力成本较低的国家建立了彩电生产基地，其中，葡萄牙生产基地主要是供给欧洲市场，泰国、马来西亚生产基地主要供给亚洲市场，墨西哥生产基地主要供给美洲市场，通过低成本的优势占据全球彩电市场的中低档市场。

从三星电子进入市场的过程可以看出，当后发企业自身能力不足，这里的能力不仅仅指技术能力也包括市场能力，可以通过借助外部力量来获取企业缺失的能力，但是一味地依赖外部力量只会使企业能力越来越弱，最后被市场淘汰。三星电子虽然也依靠技术引进，以最便捷地方式来缩短技术差距，但是在这个过程中，三星电子并不是完全被动地接受外部技术的输入。不管是黑白电视还是彩色电视，从外部仅仅获得了一些组装技术，关键的核心技术都是依靠内部自主研发体系。技术引进在“价值-能力”循环体系中，作为自主创新的一个环节，嵌入到创新系统中。原有的价值循环过程中嵌入了从外部技术引进的自主创新部分，由技术创新驱动寻求市场价值实现的能力补缺过程，与价值传递过程方向相反。在价值循环过程中的相反循环过程中，企业及时补缺自身能力，将“价值-能力”双向循环系统补充完整。如图 6-1 所示。

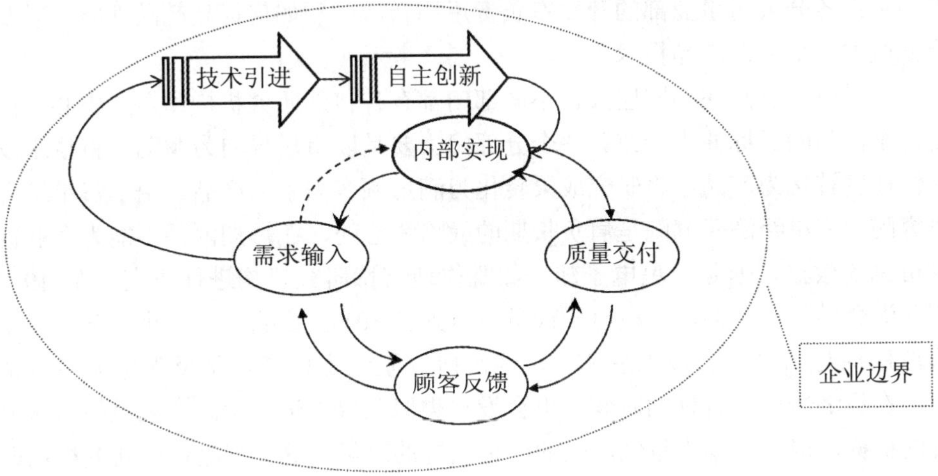

注：顺时针箭头→表示价值转移过程；逆时针箭头←表示能力补缺过程。

图 6-1 “价值-能力”双向循环系统

三星电子虽然进入电子行业的时候采用进口成套散件自己组装的战略，但是三星电子并没有打算在贴片组装的路上一直走下去。三星电子从最开始就将目光放的很远，通过战略性地建立了各种技术研发机构，达到在技术上能够及时响应顾客需求的目的。在公司建立开始，三星电子就非常重视技术，从 20 世纪 80 年代开始就在世界各地大批地引进高水平研发人员，特别是对韩裔的科学家情有独钟。不仅在各下属分公司按部门设立研究所，并且在集团层面也成立了三星综合研究所；同时，为了切近最新的技术和主流市场，把握技术和市场的动态，在国外也设立了各种研究所。

三星综合技术院、三星经济研究院更是站在战略层面。其中，三星综合技术院主要负责追踪最新的研发基础技术和未来有前途的尖端技术产品，并且协助各分公司制定技术发展计划等。三星经济研究院将产品与市场进行战略考虑，综合了宏观经济、产业政策、顾客需求制定企业发展战略等。三星电子认为只有真正了解顾客，了解市场才是企业的生存之道。三星经济研究院把握行业发展的趋势，使三星电子在未来的竞争中处于优势地位。

各个研究院的分工有明确的指向，这些也体现了三星电子布局上的战略。三星综合技术院主要负责核心和尖端技术的开发，一般制定中长期技术发展规划；而分公司研究所负责开发中短期的产品和必要的核心技术，主要以应用技术为主；各分公司事业部的开发室负责短期新产品和如何提高产品性能，以及降低成本，主要以产品技术为主。

三星电子虽然在不同层级，不同部门都有各自的研究机构和发展中心，但是每个部门的目标并不一致。各个分部门主要是以市场导向为驱动，将技术以最快速度转化为产品，将研究成果转化为满足顾客需求的产品。由于三星综合研究院和三星经济研究院是肩负长期的战略考虑的，在短期内并不能为企业提供可见的效益，但是三星电子却一如既往地支持研究机构进行研究。在 1997 年亚洲金融危机时期，三星电子裁员率达到了 30%，出售了近百个业务，但是依然保持对三星综合技术院和三星经济研究院的支持。但是反观绝大多数企业，在经济情况比较好的时候，也会设立类似三星经济技术院和三星综合研究院的机构，但是市场不景气，企业面临困境的时候，这类战略性的研究机构即被管理层首当其冲地短时裁掉。

基于市场导向的企业不仅仅要了解和满足顾客可表达出来的需求，而且还要主动探索顾客的潜在需求。利用性研究主要针对顾客可表达出来的需求，而潜在需求是探索性的研究，是前沿性的、尖端技术的研究。三星电子对于研究机构的金字塔式的设计正好印证了三星电子不仅要兼顾利用现有能力，同时还要探索新能力。反应型市场导向与先动型市场导向越匹配，意味着企业在长期与短期间发展的均衡。企业如果仅仅关注反应型市场导向，企业会在短期内获得成功，但是一旦顾客需求和市场条件发生改变，企业将缺乏足够的应对能力，导致企业现有的竞争能力不足以应对当前环境变化而导致企业失败；若企业过多关注先动型市场导向而不注重反应型市场导向，不利用现有企业的资源和能力，在企业并不熟悉的领域摸爬滚打，必定导致低效率，从而面对巨大成本难以转化成持续盈利能力的困境。因此，三星电子公司正是从两种市场导向的均衡发展出发，分公司研究所和事业部的开发室负责的是应用性的技术研发，主要是满足和理解顾客现有需求，通过对所需资源和知识的重组，构建企业的现有能力，这些能力将作为先动型市场导向的重要能力基础。而三星综合技术院就是通过分公司研究所和事业部的开发室构建起来的企业现有能力和技术基础，负责追踪和探索顾客潜在需求，避免企业现有能力过时和持续的能力依赖或者核心固化的风险，同时为企业未来发展创造更多的方向和市场，三星电子的自主研发体系如图 6-2 所示。

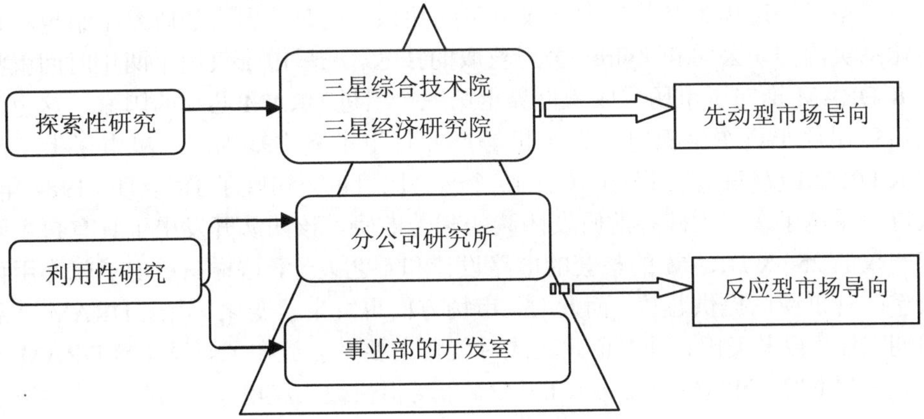

图 6-2 三星电子自主创新研发体系

6.1.3 20 世纪 80、90 年代——反应型市场导向驱动期

1987 年，三星原创始人逝世，由继位者执掌三星。1988 年，在三星庆祝公司成立 50 周年庆典上，公司董事长（会长）面对所有的员工郑重宣布三星将进行“二次创业”。同时，在公司组织方面也做了大的调整，将三星电子的业务进一步扩大，原有的三星半导体和无线通信业务并入三星电子，同时将半导体产业定位于集团的战略性事业部，半导体产业将作为未来企业重点发展的行业之一。

在这样的背景下，三星电子花巨资大量引进日本、美国等技术领先企业的半导体技术。并且不惜投入重金，不断派员工去日本企业学习相关技术。在 20 世纪 80 年代末，主要以生产 DRAM（动态随机存取存储器）和 SRAM（静态随机存取存储器）为主。到 90 年代末的时候，韩国的半导体产业占全球半导体比重达到了 8%。下面主要以 DRAM 为例从一个产品来看三星电子对于半导体产业的发展经历。

DRAM 主要由“设计—制造—封装—测试”四个环节组成，该产品的生产过程被称为世界大规模生产过程复杂度之最。DRAM 产业有很多其他产业不同的特点，DRAM 是技术密集型产业和资本密集型产业，同时由于 DRAM 产品周期短，一般三年就要推出新的产品，因此要求企业具有很强的技术创新能力。为此，三星电子专门组建了一支团队，花了数月仅仅用来收集技术和市场信息，他们主要是分析技术和市场的情况，以及三星电子的切入点。同时，花重金收购美国的美光技术公司 64 K DRAM 芯片的技术许可，同时又花巨资从 Zytrex 公司购买了关键技术。三星电子还从美国硅谷聘请了大量的工程人员，为三星电子快速积累有关超大集成电路的知识。同时，国内的研发小组也积极消化从美国美光公司和 Zytrex 公司获取的技术。三星电子仅用了两年时间就将 64 K DRAM 推向了市场，成为世界上第三个引进 DRAM 芯片的国家，这也为以后三星电子进军平板电视、手机等产业打下了坚实基础。三星电子上市的 64 K DRAM 仅仅比美国公司晚了 40 个月，比日本公司晚了 18 个月。1984 年，通过三星电子在美国硅谷的研发团队的刻苦专研，该团队开发出了具有自主知识产权的 256 K DRAM 的整套的电路设计和工艺设计，这样三星电子就不用再依靠国外供应商提供芯片。而此时，市场方面也发生了变化，由于 DRAM 产品周期很短，很多美国、日本企业在此时就将主要精力放在了研发 1 M DRAM 产品，使得 64 K DRAM 和 256 K DRAM 市场很快被三星电子所占据，并逐渐成为市场主导者。三星的研发战略是通过购买的方式获取关键技术和关键部件，同时，将关键部件和技术分解后消化吸收，再通过自身的创新系统对原有技术和部件进行模仿改造，并在这个过程中不断积累和提高自身能力。同时，三星还将研发周期与生产周期重叠，在研发的过程中就开始设计生产系统，产品研发成功马上就可以转化为大批量生产的产品。

64 K DRAM 和 256 K DRAM 的成功，以及占据市场主导地位，使三星电子高层意识到技术必须面向市场，才能在市场上获得话语权。1985 年在研发 1 M DRAM 芯片的时候，三星电子高层就做出在研发的同时自行设计和构建大批量生产系统，将技术很快投入应用，来满足快速增长的市场需求。为了在市场上占有先机，三星电子采用“生鱼片理论”尽可能地压缩产品开发到上市的时间，使企业掌握的技术尽快推向市场并获得市场的接纳。由于 DRAM 产品本身的特殊性，产品的更新换代很快，研发同时构建大批量生产系统，可以很快将研发能力转化为生产能力。时间上的抢先一步就是在市场上占有先机，也就意味着市场占有率的保障。至此，三星电子市场导向的研发系统和研发战略正式形成，这一战略巩固了以后三星电子的市场地位。

1988 年，日本公司研发 4 M DRAM 成功半年之后，三星电子成功研发出 4 M DRAM。由于市场导向的研发战略，三星公司在 4 M DRAM 研发成功之时就具备了大批量生产能力。1990 年，美国和日本企业研发 16 M DRAM 成功 3 个月之后，三星电子也开发出 16 M DRAM，这样与美国和日本企业的技术差距越来越小。到 1992 年，与美国和日本企业同时研发出了 64 M DRAM。同时由于三星电子的基于市场导向的战略，每项产品在研发之时就开始同时设计大批量生产系统，产品被成功研发出不久就开始投入批量生产，并开始出口。因此，4 M DRAM 和 16 M DRAM 虽然研发出来的时间比美国和日本企业晚，但是投入市场的时间却与美日企业同期，而 64 M DRAM 投入市场的时间是全球第一，彻底超越了美国和日本等领先企业，成为世界上最大的 64 M DRAM 商业机的供货商，并开始领先美国和日本企业。

同时，笔者也看到三星电子半导体产业的迅猛发展与市场环境的变化是分不开的。20 世纪 60 年代，韩国推出《引进外资法》，在该法令的促进下，外资纷纷在韩国建立半导体封装合资公司，韩国成为全球半导体产业分包生产体系下的一个环节。20 世纪 70 年代，由于大批的半导体分装合资公司对电子产业产品的需求也变得日益扩大，再加之韩国的电器电子产品生产领域的扩大，电子产品中的核心半导体仍然依靠全进口获取。半导体进口替代压力和电子产品尚且处于成长期，二者都使得三星电子看到了半导体广阔的市场前景。三星电子在成功开发出 64 K DRAM 的同时就开始将产品出口，直接与国际主流市场进行对接。由于一开始就接触到国外主流市场，市场的发展趋势也更加能够判断和把握。20 世纪 90 年代，美国计算机出现向大容量发展的趋势，三星电子认准这个趋势，花费巨资加大对 4 M DRAM 和 16 M DRAM 的投资。随着计算机的普及，大容量储备器的需求达到了井喷的状态，三星电子很快地响应市场，16 M DRAM 只比美国和日本的企业晚了 3 个月，64 M DRAM 更是首先进入市场，这对三星电子半导体的发展起到了关键性作用。

20 世纪 80 年代末，经过 20 年的发展，三星电子的技术能力和市场能力都得到了长足发展，已经与世界领先企业的差距越来越小，有的技术甚至处于世界领先地位。拥有了半导体核心技术之后，三星电子顺利地进入了平板电脑、手机、电视机、微波炉等行业。

6.1.4 20 世纪 90 年代至今——先动型市场导向和反应型市场导向双驱动期

三星电子的产品之所以在市场上获得好评，得益于企业遵循技术开发与市场实际需求相结合的战略。在三星电子看来，先进的技术只有与顾客需求相吻合，才能凭借技术和应用双重的优势，迅速占领市场并获得成功。但是要成为行业领先企业，不仅仅要迎合市场的现有需求，同时还要在一些新涌现的技术方面掌握话语权，这样才可能真正成为领先企业。

20 世纪 90 年代，三星电子提出口号“抛弃以往以量为主的经营理念，追求以质为主”。1993 年，三星电子开始了前所未有的变革——新经营改革。在新经营改革中三星电子提出了“变化先从我做起”，并且明确了三星的企业价值和精神——“将以人才和技术为基础，创造最佳的产品和服务”，用以为人类作出贡献，积极投身到消费者中间，认识人类面临的各种挑战，并为人类创造出更美好的未来。三星电子针对新经营改革提出了四个问题：（1）三星电子寻求变化的原因是什么？（2）三星电子变化该做哪些举措？（3）作为三星电子的员工在新经营改革中应该怎么改变？（4）三星电子变化的目的和宗旨是什么？三星电子的新经营改革使三星电子的员工彻底打破了以往部门主义，公司上下树立了“世界一流品质”的目标，每个三星电子人时刻记着“在改进质量上为消费者满意做出了哪些贡献”。新经营改革的核心是质量，在开始之初，并没有达成内部的一致。很多高层管理者认为“质和量好比铜板的两面”，他们认为三星电子不能单一地追求质量而应该同时兼备。但是，公司会长非常严厉地批评了这种想法，甚至不惜换掉了当时对此次改革特怀疑态度的秘书室长，而选择从外部引进他人担任。这在一定程度上表明了三星电子坚持新经营改革的决心。

三星电子在寻求变革的基础上，关键是注重质量。新经营改革使三星电子走上了追求品质的良性发展道路。在追求品质的道路上，三星电子不仅追求技术领先，同时也在产品设计、功能设置上下足功夫，在满足顾客追求时尚、品味的需求上煞费苦心。新经营改革，触发了三星电子的一场工业设计革命。

三星电子的很多产品仅仅是对原有技术的一些小改动，但是基于设计上的新颖，以及对市场需求的准确把握，造就了一个又一个“独特”的产品，使三星电子的产品在竞争中获得优势。三星电子花重金聘请顶级设计人才，为三星电子设计产品。三星电子认为 21 世纪经营的成败取决于设计方面的软性创造力。因此三星针对消费者的新需求发动了一场产品设计的革命。三星电子不仅一举摆脱了技术模仿者的形象，而且通过新颖的产品外观设计使得产品更具差异化，从而提高了产品的竞争力。比如，三星电子一直致力于将液晶显示器的轻薄度尽可能的减小，将显示器设计成了一件工艺品。手机不仅在功能上严格要求，还在工业设计上煞费苦心。由美国《商业周刊》设置的“年度设计奖”奖项，该奖项从设立之初就在业界享有很高的知名度，且大多数得奖的都是欧美领先企业。三星电子打破了这个神话，2003 年，三星电子就包揽了电器类的五项大奖。2004 年，三星电子又获得了五项设计大奖。因此，三星电子还被西方学者认为是通过工业设计不断提高企业品牌价值，并由此扩大市场份额的典型。

到了 20 世纪 90 年代后期，在新经营改革的推动下，三星电子提倡在基础研究领域进行大胆尝试，特别是在数字融合上。由于数字技术是有别于以往模拟技术的一项全新的技术，三星电子正是抓住了数字技术突飞猛进的发展机会，让三星电子一举超越了索尼、松下等日本企业。当数字技术出现后，三星电子及时改变原有的战略，利用新技术改造传统企业，使企业走上了“数字化”道路。并且，三星电子利用奥运会的Top计划，将原来产品在打折商店销售的模式，及时将产品撤出了沃尔玛等超市转放在能提高产品品质和品牌的高档商店、专卖店售卖，改变了企业产品原有的低档廉价的印象，一举改变了品牌形象。在新兴市场，三星电子主攻大城市，主动放弃中等以下市场，这一切释放了三星电子走高端品质路线的市场战略转型信号。

由于三星电子经过了几十年的技术积累已经具备了深厚的技术创新能力，三星电子通过发布最新技术的产品来提高企业的美誉度。这些产品不仅给企业带来了丰厚的利润，同时也在市场上树立了三星电子“以品质为主”的经营方针和三星电子雄厚的技术实力。同时，三星电子非常重视营销，近年来，三星电子一直在营销投入上远远高于其他高科技公司。1990年，三星电子将各事业部原有的55家广告商统一成唯一的FCB公司统一策划，目的就是要统一产品品牌形象。选择单独的一家广告商目的就是让品牌信号更统一，让人感受更一致。随后，三星电子每年拿出大笔预算投入到广告策划上。2012年，三星电子年度的广告支出为40亿美金，属于电子行业投入最多的企业之一，更是比美国的微软、苹果等公司多投入数倍。2018年，三星电子首次打败宝洁，年投入高达112亿美元，成为全球最大广告商。三星电子的高营销投入一定程度上侵蚀了企业的利润，但是作为回报，三星电子的市场表现也是非常明显的，出货量高于竞争对手数倍。三星电子一直保持对半导体产业的高投入，频繁调整半导体业务，加大对先进制造的投资，不断夯实其在半导体业务的绝对领导地位。

三星电子一直将企业放在一个动态的环境中，不断且自觉主动地根据变化的环境进行各种变革，以适应外界的改变。新经营改革还有一项重要的课题就是发掘未来成长引擎，通过打破安于现状的既有成果的习惯，拓展成为世界第一的产品，从而成为引领世界潮流的企业，这正是先动型市场导向的管理哲学提倡的。先动型市场导向就要求企业关注客户和市场的潜在需求，研发超前的技术和产品。为了挖掘顾客的潜在需求，三星电子的市场营销人员全程参与企业的研发过程，从技术开发的初始状态一直到产品上市，都有营销人员参与其中，这在一定程度上保证了三星电子对顾客潜在需求趋势变化的正确把握。而且三星电子一贯采取独立自主的战略，虽然向国外技术领先企业学习技术，但是很多关键技术是由企业投入巨大的人力成本和财力支持攻克的，成功的将市场营销和技术研发结合起来，图6-3概括了三星电子的能力构建过程。

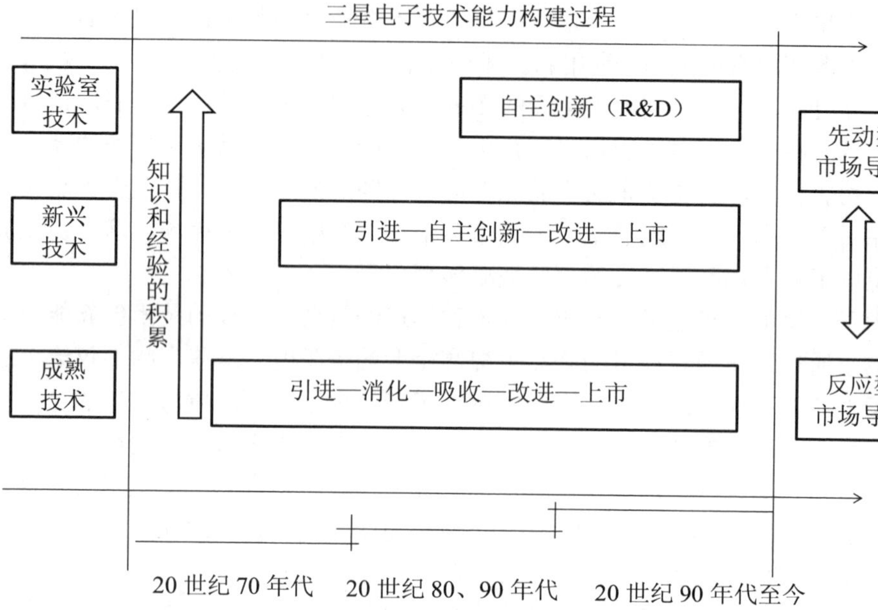

图 6-3　三星电子能力构建过程

6.2　华为的企业能力构建过程分析

华为技术有限公司（以下简称“华为”）成立于 1988 年，成立之初主要是一家香港小型程控交换机生产商的经销商，依靠赚差价来维持企业生存。经过了 30 多年的发展历程，华为从在业界无人知晓的小外贸公司发展到当今全球最大的电信网络解决方案提供商之一，在全球建立上百个分支机构，产品销往世界各地，营销网络遍布全球，在美国、英国、瑞典、印度等多个国家和地区设有多个研究机构。2013 年最新的世界 500 强排行榜，华为排名 315 名，超越了爱立信成为全球最大电信设备提供商。

华为一直从企业宣传到实际工作都是紧紧围绕客户，根据客户的需求进行各种创新，并以开放的心态同合作伙伴进行开放式的合作，为客户创造最大价值。笔者通过对华为 30 多年的企业发展历程进行分析，探究华为作为一个起点低，但是发展却很快的中国后发企业，它的发展历程与其他后发企业有什么迥异？基于市场导向的企业能力构建过程在华为发展过程中扮演着的角色又是什么？

6.2.1 1987—1995 年——产业进入阶段

1987 年，华为技术有限公司在深圳注册成立，成立之初仅有 10 余人。公司成立之初，主营业务是代理香港鸿年公司生产的用户交换机，依靠差价赚取利润。由于当时该行业利润巨大，短短两年时间内，华为就积累了几百万元的资金，赚了公司发展的第一桶金。但是到了 1989 年左右，用户交换机市场异常火爆，国家对相关的设备进出口进行限制，华为的代理业务也随之受到影响导致不得不放弃代理业务。近三年的代理业务使华为对电信设备市场有了一定的了解，华为看到国家的经济发展，以及人们生活方式的改变，认为电信行业的需求会越来越旺盛。再加上，虽然代理业务风险较小，但是利润也比较薄弱，只能依靠价差来赚取利润。因此，华为在分析了行业发展，以及公司未来的前景下，果断决定进入电信设备市场。

在华为进入电信设备市场之前，整个中国电信市场几乎被欧美国家及日本的企业所垄断，电信设备市场可谓是竞争十分激烈。在市场上最多的时候有 8 种不同制式的程控交换机，而且这些程控交换机来自不同的 7 家企业。导致当时通信网络很难达到稳定的互联互通，顾客普遍反映通话质量低下。

同时，电信设备高额的费用也将一般消费者拦在了门外。20 世纪 80 年代末，要想安装一部固定电话动辄就要花几千元的初装费让很多老百姓对通信产品望而却步。但是人们对于通信设备的需求是显而易见的，并且对于通信便捷性更是提出了新的要求。通过分析，华为意识到顾客的需求是明确的，只要满足顾客的需求企业就可以大有作为。

华为正是对市场需求的正确判断才可以一进入该行业就获得了巨大成绩。20 世纪 80 年代末，中国的用户交换机市场是一个卖方市场，市场上对于交换机的需求旺盛，而国内在生产用户交换机领域还存在很大的缺口。1992 年，华为自主研发的产品 HJD48 小型模拟空分式用户交换机投入市场，销售额突破一亿元，取得了不错的业绩。当时华为的员工才 200 人左右，却获得了上亿元的销售收入，但是华为并没有停留在现有已经获得的成绩中，更没有简单地将销售量增加以获取丰厚利润，而是做了大胆决定：开发局用交换机。

局用交换机与以往华为熟悉的用户交换机相比，不管是技术还是市场都有天壤之别。用户交换机主要服务对象是各企事业单位，或者个体单位，一般设备最多开通 1000 用户，这类客户具有单次采购量小，但分布却很广泛的特点；而局用交换机直接销售对象是电信运营商，这类产品的客户的特点是客户群固定且数量较小，但是单次采购量巨大。华为原有的营销网络多在用户交换机的客户群，而与局用交换机的购买客户基本上没有任何的接触。但是，华为的目标不仅仅作为程控机的生产销售企业，更宏伟的目标是成为全球电信网络解决方案提供者，如果只是止步于用户交换机的话，华为也就没有办法进入该领域。在对电信行业发展趋势预判后，华为以破釜沉舟的勇气进入了电信设备供应商的行列。华为举公司全力投入局用交换机的研发中，历经一年时间，JK1000 研发成功并获得中华人民共和国邮电部的入网证书，但是，由于技术和质量上的缺陷，华为陆续上市的 JK1000 空分式端局交换机到 1993 年一上市就面临了巨大危机。美国 AT&T，日本 NEC，法国阿尔卡特，以及瑞典的爱立信当时在该领域具有很强的竞争优势，在华为研发基于模拟技术的 JK1000 空分式端局交换机时，这些行业领先企业已经开始研发数字程控技术，使得华为在技术上进行了错误的判断。同时，早在 1991 年，中国邮电工业总公司就成功研发了国产万门数字交换机——04 机；中兴通讯股份有限公司（以下简称“中兴通讯”）自主研发的 ZXJ2000 数字局用交换机在 1993 年底获得了当时的中华人民共和国邮电部颁发的首批入网许可证。JK1000 的失败看上去是华为技术上的缺陷，实际上在一定程度上也反应了华为对市场需求的了解不准确。20 世纪 90 年代初，我国的固话普及率近 1%左右，华为预测到 2000 年左右我国的固话普及率将达到 5%左右，所以华为做出中国在短时间内没办法达到向数字化转化的预判。但是，实际上，到 2000 年我国的固话普及率已经达到了 50%，数字局用交换机才是局用交换机的主流，空分式交换机失去了市场。因此，华为对市场的错误判断导致 JK1000 空分式端局交换机的失败就成为了必然。由于技术和市场上的错误判断，使得华为研制的 JK1000 空分式端局交换机还没来得及上市就被迫淘汰。对这次产品的错误定位，使华为更加坚定依靠市场导向来指导技术创新。

在这个失败的过程中，华为也积累了宝贵的经验，特别是在竞争激烈的市场中，由于华为过硬的服务，以及在研发 JK1000 中锻炼了一批能打硬仗的研发团队，这些基础和积累都为以后华为开发局用数字程控机打下了坚实基础。从 HJD48 到 JK1000 的研发过程中，华为专门组织研发团队的骨干，追踪行业最新的技术动态，为产品做战略规划，同时华为积累了丰富的经验为后续的 C&C08 数字程控交换机奠定了基础。华为依靠五年在交换机研发上的技术能力，1993 年开始万门机的研发，比中兴通讯早了半年时间，1993 年 5 月 C&C08 2000 门数字程控交换机样机问世，1993 年 9 月份成功开发出具有自主产权的 C&C08 万门交换机。而中兴通讯在 1995 年 3 月份才将万门机投放市场，比华为晚了一年。C&C08 数字程控交换机投放市场后就获得了空前反响，一年的销售额就达到了 8 亿元，1994 年华为彻底放弃了代理业务。至此，华为进入了电信设备制造业，并在国内电信市场逐步取得了一席之地。由于在市场上占有先机，华为的 C&C08 数字程控交换机 1995 年销售了近 15 亿台，此后每年都以超过 100%的速度递增，成为全球销售量最大的交换机机型。华为也借助 C&C08 万门交换机的产品创新，超越了强大的竞争对手——中兴通讯，彻底改变了与中兴通讯的竞争地位，从而领跑中国通信设备制造业，成为销售量最大、利润最高、技术最领先的本土厂商。C&C08 数字程控交换机是华为的重要技术和产品平台，后续的所有产品，涉及传输、移动、智能、数据通信等都是在这个平台的基础上推广开来的。

但是在 C&C08 数字程控交换机进入市场之初，形势并不乐观，在国内大城市很难找到市场。因此，华为采用“人海战术”抢占当时跨国公司尚未涉足的农村地区，取得了很大的成绩。在这些地区，华为用通信电源销售的收入来补贴 C&C08 机的销售，以低价策略和个性化服务对原有程控机市场发起攻击，进而抢占市场。以进入四川为例，华为让用户免费使用自己的接入网，借用该方法在四川各地布点。由于接入网免费，因此用户纷纷采用。随后，又抢占接入网的新增点，逐步实现点连成面。等网上运行的设备数量到达一定限度后，又将触角延伸到了交换机，最终将华为的交换机跻身主流机型。即使在一个小县城，华为也有几十名的服务人员，根据客户需要，提供上门服务。正是有了低价加优质服务，才使华为在技术上不占优势的情况下，不断巩固市场地位。

华为从最初代销程控交换机到最后放弃代理业务，开始自己研制交换机只用了四年时间。作为华为的创始人，也是战略制定者任正非是军人出身，他清晰地认识到：企业家的使命则是捍卫企业的市场地位，而要想有自己的市场地位，科研支撑才能保障企业地位。因此，华为从进入行业不久就确立了走技术自立的道路。20 世纪 90 年代，“以市场换技术”的口号很响亮，很多企业与外资企业合作成为合资公司，但是华为却一直坚持走自主路线。任正非说：“外国人到中国是为了赚钱，他们不会把核心技术交给中国人，而指望我们引进、引进再引进，企业始终无法独立。以市场换技术，市场丢光了，却没有哪样技术被真正掌握了。”为了防止研发人员只追求技术而忽视市场，华为每年都有 5%的研发人员转做市场，同比例的市场人员转做研发，这样以保证研发人员的市场敏锐度和对顾客需求变化的准确判断。

从 HJD48 到 JK1000 再到 C&C08 数字程控交换机，华为探索出了依靠市场导向来驱动技术创新。“为客户服务是华为存在的唯一理由，客户需求是华为发展的原动力”作为华为的基本理念，华为认为企业要在快速变化的市场需求中做出迅速和正确的反应，关键就是及时把握和洞察市场走向，进而把握行业技术趋势，并迅速将客户的需求实现为产品功能提供给客户。由此可见，华为的这些能力并不是天生具有的，而是在摸爬滚打中慢慢具备的。

6.2.2 1996—2003 年——反应型市场导向阶段

到 1995 年，华为在国内的市场已经具有相当规模，年销售额达到了 20 亿人民币。此时，华为认为不仅仅要面向国内市场，同时要将更多的目光聚焦到了国外市场上。1997 年，华为将市场开拓锁定在俄罗斯和拉美地区。选择该地区，是华为经过了认真的市场分析后作出的战略决定。1997 年冬季，俄罗斯的经济也像俄罗斯的冬日一般寒冷，像西门子这样的国际巨头由于对俄罗斯经济的担忧纷纷退出了俄罗斯市场。华为认准时机，进入俄罗斯市场。

华为开拓俄罗斯市场的过程中并不是一帆风顺的，也走了不少弯路。由于陌生的文化和环境，国内的华为员工去了国外不能很快适应，需要花费半年时间才能摸清市场。海外销售人员自己介绍，刚去的时候，很多时候连客户都见不上，更谈不上介绍产品。再加之，当时世界上很多国家对中国并不了解，认为中国公司根本没办法提供他们要的产品。1996 年，现任华为副总裁徐直军向俄罗斯负责软件部门的领导介绍交换机的时候，他们根本不相信中国公司有能力生产这类产品。当他将电路板和芯片放在客户面前的时候，看到中国的技术对方很震惊，随后华为与这些客户不断保持联系并分析客户需求。到 1999 年，华为进军俄罗斯市场 3 个年头的时候仍然是颗粒无收，但是这并没有挫败华为打开俄罗斯市场的意志，在这个过程中充分体现了华为人的“坚韧”。华为人认为虽然在这个过程中没有太大收获，但是可以不断地告诉俄罗斯市场：我们一直都在，一旦等市场复苏，就是收获的季节。三年的等待和准备，华为凭借着对市场的敏锐嗅觉，通过不断的拜访，在频繁的沟通中与客户保持联系，最终在俄罗斯建立了固定的客户群。从第一单的俄罗斯国家电信局开始，经过不懈的努力和周到的售后服务，建立了华为稳定的客户群。在经历了俄罗斯经济严冬后，随着俄罗斯经济的复苏，以及华为一直以来的坚持和努力，终于在 2001 年，华为与俄罗斯国家电信部门达成了 GSM（全球移动通信系统）设备供应合同。2002 年，华为又获得俄罗斯 3797 千米超长距离的国家光传送干线合同。

1998 年以前，华为依靠的是“坚韧”的企业精神，依据对市场需求的准确判断，将市场需求的产品以最快的速度推向市场。但是后期数据显示在通信和无线通信技术领域，华为仅仅依靠“坚韧”的企业精神就没有办法准确判断。虽然华为作为国内在研发投入最多的企业之一，但是困扰在华为面前的是如何将研发目标科学化而不是无序盲目的。1998年后，华为出现了效益递减的现象，也就是说华为投入巨资研发的产品，实际的商业价值却不大，有的产品甚至在上市之前就失去了商业价值，如CT2无绳电话、DECT数字通讯、ATM交换机等产品。每项产品的研发投入都是巨大的，有的甚至高达数千万的投入，但是却没有收到满意的效果。华为意识到，持续不断的技术创新是华为迅速成长的动力，但是技术创新与产品需求必须无缝衔接，将产品快速推向市场是华为必须面对的重要挑战，也是企业不断壮大的关键所在。

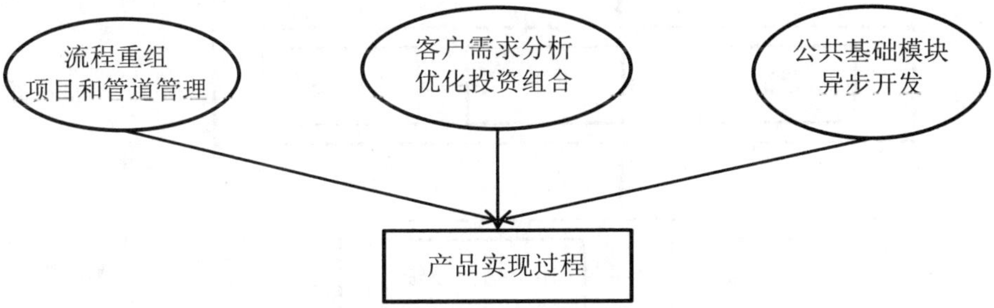

图6-4　华为引进的集成产品开发流程体系

面对研发目标无序化的现象，华为引进IBM公司的集成产品开发流程体系IPD，如图6-4所示，这个体系主要目的是将华为大大小小的研发产品线统一管理。通过一些资深的产品专家负责对各产品线的关键环节和过程进行监控和评估，以评估是否继续资助或者终止某个产品的研发环节。集成产品开发流程系统主要关注产品的研发与未来市场需求间的联系，以及技术、人力、资金方面的投入可行性。通过对客户需求的充分理解，然后指导技术研发的进程和走向，而不是盲目地为了研发而创新。从最开始的技术驱动向市场驱动转变，通过市场调研—需求分析—预研立项—系统设计—产品开发—中间试验—制造生产—营销—销售—工程安装—客户服务—用户信息反馈来指导产品线的发展情况。通过规范流程，监控每个环节的进展，与市场需求不断对比使研发过程与市场需求紧密相连，避免研发过程和市场需求不相关的情况出现。产品是否立项研究、产品如何设计、研发路标如何确立、产品技术标准如何选择、产品如何改善，都依据市场为核心展开，任何一个环节出现问题就立刻叫停或者调整方向。集成产品开发流程系统根据客户需求、市场情况，以及客户反馈情况排序，在市场人员的参与下，实现真实产品概念的形成过程。通过与客户交流、投放产品公告、参加各国的展览会和论坛、与客户进行技术交流、邀请客户参观公司等手段，增强客户与华为间的强联系，在不断了解中发现客户需求，然后将客户需求产品化。具体的华为质量实现过程如图 6-5 所示。

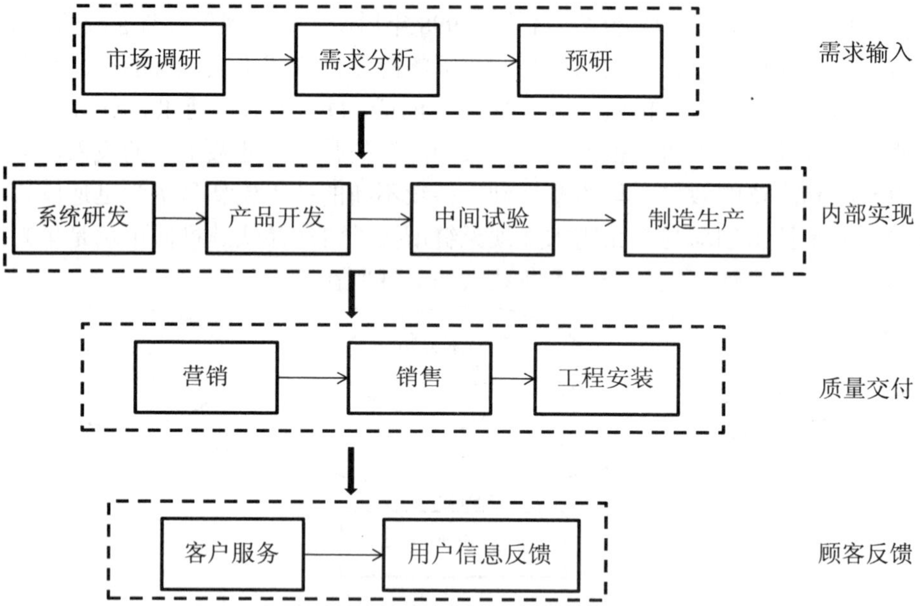

图 6-5 华为质量实现过程

华为有 40%的人才在市场部，40%以上的人才集中在研发业务。每年 5%的研发人员去做市场，5%的市场人员去做研发。华为基于市场导向的技术创新过程，从顾客实际需求出发发掘顾客潜在价值，通过对顾客潜在需求的判断，将技术创新活动变得更加主动，更迅速地捕捉市场机会，既快速响应市场，又引导市场。

在前期，华为一直采用市场导向下的研发体系。华为一直采用实用性研发，并不主张基础性研发和毫无基础和目的的技术研发，华为一直围绕客户需求和提高企业核心竞争力来进行研发。华为认为，如果不以市场为导向，技术上的创新就会是盲目和过度的，而这样的创新是不可取的，注定会失败的。

1999 年，华为由最初的单纯注重企业研发转为市场需求驱动研发导向。华为的产品开发由产品开发团队承担，由原来的纯技术人员组成的中央研究部转变为有一定市场经验的技术人员担任产品开发团队负责人。在产品开发团队中，市场搜集的信息被反馈到企业，从而形成新的客户需求再转化为新的需求输入，华为真正做到了客户需求与产品概念的合二为一。顾客价值在企业内部转化的过程中，企业的能力得到了反向的补充，进而提升了企业能力。

6.2.3 2003 年至今——先动型市场导向和反应型市场导向双驱动期

从 1995 年开始华为就将研发重心从有线转移到无线产品，以及 3G 技术。华为意识到 CDMA（码分多址）是一个新发展起来的技术，技术成熟度和市场覆盖都刚刚起步，国内外的通信企业基本上在同一起跑线上。1997 年，华为的 GSM 通过自主研发获得成功，并于次年开始了基于 3G 技术的 WCDMA（宽带码分多址）的研发。当行业巨头们还在争执 3G 的标准时，华为在清晰地分析自身技术基础后，就开始投入巨资研究 WCDMA。从 1998 年到 2002 年就投入了 30 亿元在 WCDMA 的研究中。2003 年华为自主成功研发 ASIC 基带芯片，成为我国第一个能独立开发设计芯片的企业，也成为首家集生产、研发于一体的 WCDMA ASIC 芯片企业。在 3G 技术上的持续投入和需求分析，使华为借助强大的技术能力，以及市场能力，在全球的 3G 业务上节节开花。2003 年底，华为搭建了阿联酋电信公司 UMTS 服务，其覆盖范围为阿联酋全国区域内。2004 年，华为为荷兰运营商 TELFORT 提供 UMTS 服务，获得数亿欧元大单，真正挺进了欧洲市场。2005 年，华为又在泰国获得大单，提供 CAT 搭建覆盖泰国全国范围的 CDMA2000 3G 网络。同年，也成了英国电信首选的 21CN 网络供应商，华为的多业务网络接入部件和传输设备接入到 BT21CN 网络中。2005 年对于华为来说有特殊的意义，这一年华为海外销售额首次超过了国内销售额。到 2007 年，华为与欧洲大多数的运营商建立了合作关系，彻底打开了欧洲的市场。到了 2009 年，华为无线接入的市场数量排名全球第二。同年，在加拿大市场也有了质的突破——与 TELUS 和 BELL 建立起更紧密的合作关系，并达成为两大运营商搭建下一代无线网络的合同。2010 年，华为成为全球第二大通信设备制造商，此时在全球的通信设备制造商排名中已经超过了诺基亚、西门子和阿尔卡特，紧随爱立信之后。到了 2013 年，华为超越爱立信成为全球最大的通信设备制造商。

从 1995 年研发 2G 技术开始，华为就锲而不舍地在 GSM 领域不断进取。华为在研发的同时站在运营商角度去分析 GSM 网络运营商的需求，发现网络运营商的主要诉求点在于要增加已入网用户的 ARPU 值，并吸引更多的入网客户，同时减少离网率，并在此基础上减少网络建设费用和维护费用。在明确顾客需求的基础上，本着共赢的目标，有针对性的解决了网络运营商关注的签约客户 ARPU 值、新入网率、离网率，并实现网络价值最大化，为网络运营商创造更高的利润。因此，华为在 2005 年推出了结合 3G 技术和理念的 EnerG GSM，方案一经推出就在市场上受到了热捧。菲律宾移动运营商 Digitel 很快就采购了华为的该解决方案。随后，阿联酋电信运营商 Etisalat 以高达 5.5 亿美金采购了华为的 EnerG GSM 解决方案。2006 年，西班牙电信运营商 telefonica 选择华为为其搭建南半球最大的 GSM 网络。华为之所以在 3G 时代，能够获得一次又一次卓越的表现，归功于华为创新的解决方案。2G 时代，电信设备提供商之间竞争的焦点是技术，哪个企业的技术先进就可以获得竞争优势。而 3G 时代，需要电信设备供应商有快速反应市场的能力，按照当地市场的需求，以及电信商的实际需求，提供量身定做的解决方案。可以说 3G 时代要求企业时时刻刻以市场需求为导向，为顾客量身定做适合客户需求的产品，并根据市场需求进行适当的技术创新，而不再简单地要求企业以技术为抓手。

华为公布，2013 年全年华为的营业利润达到了 294 亿元，运营商网络服务业务中有 75% 的收入来自于全球前 50 名的电信运营商。华为认为企业能保持健康成长的根本原因是：企业核心的驱动力就是来自对研发创新的持续投入，保持企业持续创新。华为的研发人员达到了企业员工总数的 40%以上，华为每年将销售收入十分之一以上的资金投入到研发中，以更高的产品品质服务客户。从 2003—2020 年，华为累计在研发上投入 7790 亿元，历年研发投入如图 6-6 所示。2003 年以后，华为不仅注重应用性的研发，还将研发投入的 30% 放在了基础科研领域和更前沿的研究，并且华为对基础科研和前沿领域的投入呈现逐年增长的趋势。2011 年创建的“华为 2012 实验室”就是华为探索未来方向的主力军，由 1.5 万来自全球顶尖的科学家和研发人员组成。主要的研究方向是新一代通信、数据挖掘、机器学习、云计算、人工智能等。

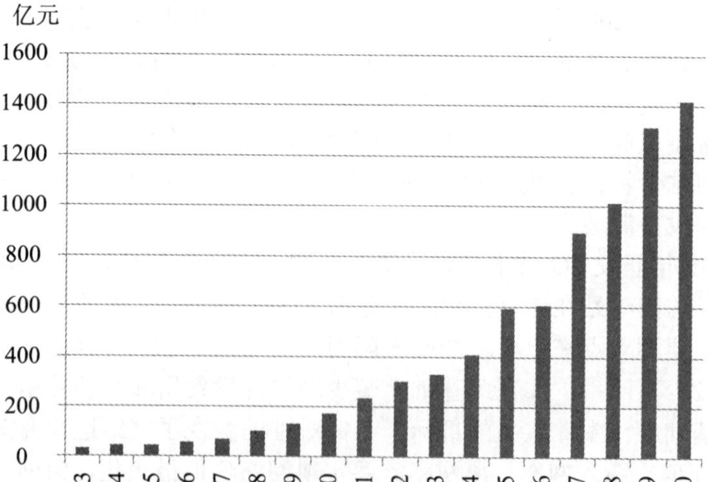

图 6-6　2003—2020 年华为历年研发投入

2013 年，华为战胜爱立信成为全球第一的通信设备供应商。2017 年华为 5G 在全球十余个城市和 30 多家运营商进行了预测试，性能卓越。在全球 5G 标准必要专利数量方面，华为拥有 3325 个 5G 标准必要专利，居全球首位，占总数量的 16%。2019 年，华为麒麟系列发布多款芯片产品，持续优化 5G、AI、物联网，同年，也是 5G 商用元年，生产出了第一台 5G 手机，全面加速 5G 产业发展。2020 年，华为发布鸿蒙 OS 2.0 和麒麟 9000 5G SoC 芯片。华为在面对多轮的国外政策及市场打压下，依然实现了年营收超 8 千亿元的成绩。华为最初的一切出发点是为了更好地贴近顾客现实需求，随着华为技术能力的不断提高，以及企业实力的增强，华为越来越将研发目光投放到通信行业的前沿，目前华为在 5G 领域、物联网、大数据、AI、云计算方面都处于全球领先地位。

华为已经彻底从 2G 时代的跟随战略，变成了 3G 时代的与西方领先企业同步，并逐步成为 4G、5G 的行业标准制定者，成为行业新的领军企业，此后，华为还开启了对 6G 的研究。3G 时代华为是依靠为顾客量身定做解决方案，由顾客提出需求，华为提供解决方案来赢得市场。那么华为对 4G、5G、6G 的高投入，就是华为遵循先动型市场导向的必然。华为已经不单单是在顾客现有需求基础上的开发，而是在引导顾客需求，发掘更新的行业制高点，这正是先动型市场导向的精髓，华为产品的开发过程如图 6-7 所示。

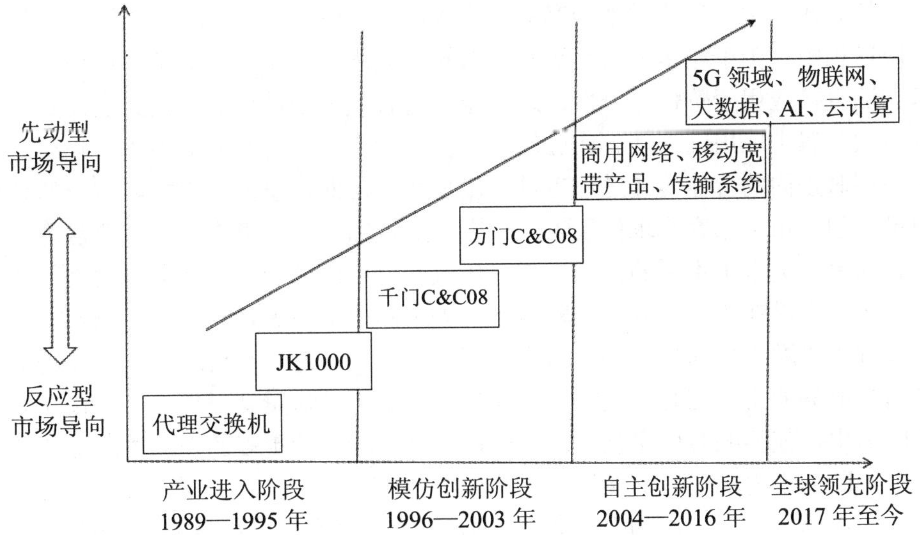

图 6-7　华为产品开发过程

6.3 理论启示

不管是三星电子还是华为都是以自主创新为基础，在借助外部技术引进的基础上将外部技术消化吸收转化为企业能力，进而纳入自己的自主研发体系中。技术引进并没有成为一个单独的环节影响价值循环，而是作为研发体系中的一个环节，是内部实现的一个重要步骤，因此起到了积极正向地促进价值循环的作用。技术引进的目的不是单纯地为了将技术转化为产品实现企业绩效，而是为了提高企业的创新能力，重构自身的研发体系。企业在利用外部技术进行内部转化过程中，不仅关注转化的"有效性"，还通过"需求输入、内部实现、质量交付和顾客反馈"过程，实现有效的价值传递过程，构成封闭的价值循环，这是典型的反应型市场导向的企业"价值-能力"循环过程。而如果企业仅仅在反应型市场导向下，企业就很容易陷入顾客锁定的过程困境中。不管是从三星电子还是华为的案例中，笔者看到企业并没有陷入顾客锁定，而是渐渐脱离了后发企业的行列，变成行业的领先者，引领顾客需求变化。两家企业没有进入顾客锁定的过程困境中，是因为企业内部存在交织的两种系统。在反应型市场导向下的"价值-能力"循环系统在上一部分已经详细叙述，在此不再赘述。

笔者在此主要讨论实现顾客潜在需求的"价值-能力"通道。首先，在价值实现过程中，由于顾客的潜在需求没有被清晰表述出来，因此从外部引进的技术无法直接应用于价值系统中，迫使企业进行技术上的创新，因此后发企业的创新大多属于应用性创新。在应用性创新过程中，只有反向的能力过程得到加强，同时正向的价值传递过程也进一步加快。同时，虽然存在顾客需求的替代通道，但是由于顾客需求仅仅表示顾客的显性需求，而潜在需求需要从企业与顾客的紧密关系中不断的挖掘，那么质量交付后的顾客反馈就显得尤为重要，是产生顾客潜在需求的源泉，顾客潜在需求的价值传递通道增强了企业能力补缺过程中"顾客反馈"直接作用于"质量交付"，进一步促进企业产品的交付能力和服务能力；同时，顾客需求（显性需求）让质量交付更容易转化和激发新的需求，使得顾客更愿意主动与企业进行互动，让更多的需求变成协议和订单，不断拓展内部质量实现的输入，如图 6-8 所示。

在市场导向下，强调以顾客为导向，企业的每个部门都将为顾客创造价值。为了更好地为顾客创造价值，每个部门间都进行协同工作。特别是在华为的案例中，笔者看到企业极好地贯彻了这一思想。营销部门对于顾客动向的把握第一时间传递给企业内部，通过企业内部的体系将消费者的需求与技术创新进行无缝衔接，将产品快速推向市场以此满足顾客的显性需求。

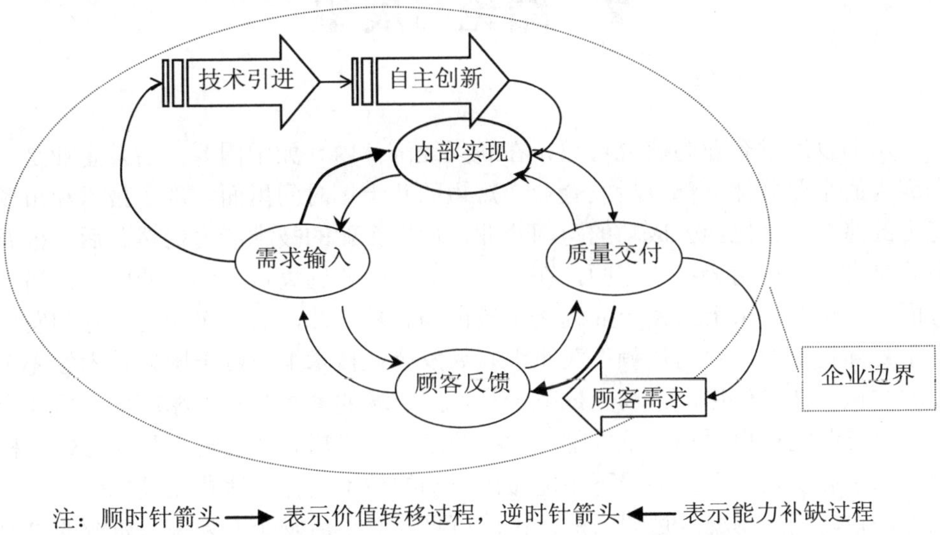

图 6-8 基于先动型市场导向的能力与市场互动模型

同时，两家企业积极地走出国门，接受国际市场的激烈竞争，在竞争中不断积累企业实力。从企业发展之初，眼光就不局限在国内市场。积极地开拓国际市场，有助于企业以国际化的眼光来看待行业的发展。由于站在国际化的视角中，对顾客需求的变化更加能清晰判断。同时，在与顾客的互动中，企业并不是被动地接受顾客的意见，一味地满足顾客的显性需求。而在顾客需求基础上，依靠自身的技术能力和市场能力，对顾客需求进行引导和拓展。两家企业发展到后期，依托企业自身强大的研发实力，两家企业都开始以先动型和反应型市场导向的双向驱动作为自身的驱动力。一方面，关注短期的绩效，以提高效率为主，采取了一种利用性的创新对现有能力进行扩展；另一方面，又在探索新的顾客需求点，关注企业长期的发展，在现有能力基础上进行探索性的创新。三星电子在数字融合领域的大胆革新，以及华为在 5G 的创新和研发，都印证了两家企业在先动型市场导向的行为倾向。

7 结论与展望

本书以后发企业为研究对象，在新兴经济体内（如中国），后发企业是一个庞大的企业群体。部分后发企业在短短的几十年时间里面实现了技术和市场能力的追赶。相比西方成功的跨国企业，后发企业的技术能力仍然落后，根源主要是来自两种劣势：一方面，在技术上后发企业远离技术创新的中心；另一方面，在顾客需求上后发企业远离主流市场。基于此，后发企业的生存和发展处于外部资源的“双向依赖”关系中：后发企业技术上依赖于国外技术领先企业的知识、技术传递，市场上依赖于与本国市场的紧密联系。相应地，后发企业创新资源配置也面临双重外部压力：技术上的“后来者劣势”和现有顾客权力。如果后发企业在此格局下不能做出正确的技术选择，违背比较优势，就会拉大差距、陷入困境或遭遇失败。由此可见，对于后发企业来说，资源的“双向依赖”成为重要的外部关系，如何在其中正确权衡、恰当决策并跨越过程中的困境成为焦点问题。

在双向资源依赖背景下，后发企业需要权衡收益、成本和利润，需要有效平衡技术获取与市场依赖的关系。本书主要关注的是后发企业如何平衡与市场的关系，即在对外部资源依赖格局的权衡中，后发企业存在不同的市场导向的倾向。企业需要平衡反应型市场导向与先动型市场导向的关系。企业到底是将目光放在现有顾客身上，满足顾客的可表达的需求，以反应型市场导向来驱动企业发展；还是将目光放在潜在顾客身上，探索顾客的潜在需求，以先动型市场导向驱动企业发展。这一命题也可以引申为二元性讨论，也就是后发企业在创新过程中衡量探索性学习和利用性学习间的关系。

本书基于“双向资源依赖”背景，运用政策捕捉的准实验方法研究了后发企业管理者的市场导向行为倾向。然后抽取了一个典型后发企业四十年发展历程的生产质量与市场营销的1299个事件，应用扎根理论工具把事件划分为四类和三个阶段，描出事件演进的趋势点图。据此剖析后发企业在反应型市场导向驱动下，价值传递和能力弥补过程如何在企业内部循环，并在此过程中后发企业又如何一步步陷入顾客锁定，对后发企业进入顾客锁定的过程进行了详细解释。最后以三星电子和华为作为案例研究，通过对两家企业发展历程中关键节点进行剖析，旨在探析作为成功的后发企业怎样从被动转为主动，并在市场上站稳脚跟，完成能力反超的过程。两家企业虽然发展过程中有很多的不同，但是笔者从市场导向视角看到他们对技术的前瞻性投入，以及市场信息与技术研发的融合具有一致性和代表性，能为其他后发企业带来启发。

7.1 理论创新

本书的理论贡献主要体现在以下六个方面：第一，加深了原有资源依赖理论的理解；第二，对基于过程的吸收能力理论的理解；第三，组织二元性理论的深化；第四，从后发企业角度去研究市场导向；第五，打开了后发企业进入顾客锁定的黑箱，并从企业内部出发探讨后发企业市场导向与顾客互动的关系演进；第六，回答了后发企业如何避免走入“顾客锁定”困境，实现能力反超的过程。

7.1.1 对资源依赖理论的贡献

资源依赖理论为笔者研究后发企业管理者的市场导向选择提供了良好的切入点和理论视角，笔者将资源依赖理论应用于对市场导向的研究以揭示后发企业在资源依赖结构关系下的权利结构。

“双向资源依赖”结构下，后发企业在技术上依赖于技术领先企业，在市场上依赖于本国顾客的市场资源。而技术领先企业通过不断升级产品来设置技术壁垒，防止后发企业获取最新技术，竞争对手与后发企业又共同设置市场壁垒，防止技术领先企业快速进入本土市场。顾客依靠不断增加的顾客权力来增加对后发企业的创新压力，竞争对手与技术领先企业共同作用又进一步影响顾客权力的变化，从而加剧了后发企业对外部的“双向资源依赖”。

在外部的资源“双向依赖”关系的研究背景下，开发了“双向资源依赖”决策情景，将组织外部抽象的依赖关系细化成可以刻画的维度，可构建特定概念、影响因素和测量方法，使实证研究变得可行。

具体在本书中，在顾客层面，笔者根据资源依赖理论开发了具体的情景标准以刻画后发企业与顾客的依赖关系，从资源依赖理论的两个维度：相互依赖和非平衡力，研究这些情景标准对后发企业管理者市场导向行为倾向的影响。通过对顾客压力的刻画以反映后发企业与顾客在权利结构不平衡的情况下对后发企业管理者市场导向行为倾向的影响，后发企业与顾客在相互依赖关系下如何影响后发企业管理者选择市场导向。根据研究结果，后发企业与顾客在权力不平衡的权利结构下，对后发企业管理者市场导向的影响显著，即在顾客较大的压力下，后发企业管理者更倾向于选择反应型市场导向。后发企业与顾客在相互依赖的关系下，对反应型市场导向选择的偏好明显减弱，这是由于当后发企业与顾客相互依赖程度较高时，双方的相互依赖关系能够有效缓解来自顾客方面的压力。可见资源依赖理论有效地反映了后发企业管理者在权力不平衡和相互依赖结构下的市场导向决策行为倾向，揭示了影响后发企业管理者市场导向选择的战略决策的影响因素，有助于笔者更深入地理解资源依赖理论和战略决策的关系，也为笔者有效地解释和理解后发企业的市场导向行为倾向提供了理论基础。同时，笔者的研究拓展了资源依赖理论的研究范畴，贡献并丰富了资源依赖理论的研究文献。

7.1.2 对吸收能力理论的贡献

二十年来，国际上对吸收能力的研究经久不衰，动力来自概念本身的丰富内涵，包括了对探索性和利用性权衡这一核心过程理解的不断深入。Cohen 和 Levinthal 把企业吸收能力定义为认识到新的、外部知识的价值，消化它，并把它应用到商业的终端。发展和保持吸收能力对于一个后发企业长时间地生存和延续变得非常关键，因为吸收能力可以加强、补充和重新聚焦企业的知识基础。吸收能力被看成是企业层面的一种能力，需要长时间不断地积累相关的知识基础，其重心可以从企业内部转移到“师徒”之间不断学习和知识交互的过程。这个概念最终被发展成为基于过程的定义：企业获取、消化、转换和利用知识以产生动态的组织能力的一系列惯例和流程，包括知识获取、知识消化、知识转换和知识利用四个维度。后发企业强烈依赖外部知识来推动企业创新和绩效提升。后发企业与顾客之间的联系是影响新知识吸收的外部重要权力联系。

尽管有关后发企业吸收能力的研究关注了外部联系的影响，但一致性的外部资源的“双向依赖”关系下还缺乏研究，特别是缺少对该关系的影响因素的提炼，因而无法剖析其中的关系、过程和内在逻辑。本书解决了对后发企业基于过程的吸收能力中与外部关系的刻画，构建了典型的后发企业资源“双向依赖”的情境刻画，剖析过程激励发展测量量表。

在对后发企业市场导向倾向进行分析基础上，从时间纵向上考查后发企业在发展吸收能力过程中遇到的困境，为构建能力过程建立逻辑联系，统一建构后发企业吸收能力的理论模型。

基于过程观的吸收能力学者认为，吸收能力是一个企业通过一系列过程（如探索、转型和利用学习）之后利用外部知识的能力，更进一步，吸收能力过程强烈地依赖于环境振荡的程度。现有大量关于吸收能力的研究还不能直接应用于构建后发企业吸收能力，特别是从过程和演化的角度进行的剖析和构建。本书在对典型企业保留的四十年发展历程的生产质量与市场营销的 1299 个事件分析基础上，提出了需求输入、内部实现、质量交付、顾客反馈的后发企业内部价值循环过程，并在此基础上发展了一种“价值传递”与“能力补缺”的双循环过程的理论模型，对基于过程的吸收能力的研究带来新的贡献。“价值-能力”的双循环结构可以清晰显示出后发企业吸收能力中以下两个过程特性。第一，技术利用和价值传递的管道。后发企业利用外部技术，进行转化，最终能够传递价值，通过“需求的输入、内部实现、质量交付和顾客反馈”过程，构成一个封闭的价值循环。也就是后发企业吸收能力的一个动态反馈循环过程，关注过程转换的“有效性”，价值的实现过程自然需要后发企业不断弥补原有能力的缺陷。第二，探索性搜索漏斗作用和能力补缺的逆向过程。外部知识的广泛性和宽度需要企业发展、吸收能力来准确地预测未来技术的本质，反过来，“学生”更强的能力基础可以发现更广泛被学习的“老师”，这是一个扩展的螺旋结构和逻辑。后发企业利用外部技术与市场输入、实现价值传递的过程带动了企业逆向弥补能力缺陷的过程，同时，发展企业能力的过程更广泛地搜索外部技术与市场知识，更好地推动了价值传递过程。

7.1.3 对组织二元性理论的贡献

两种理解吸收能力存在一致性：有效的知识传递管道被用以资本化，这是由漏斗产生的创意。一个企业的知识宽度决定其探索性学习能够游离现有知识基础的远近程度，吸收和利用过程的效率影响企业利用其搜索获取新知识成功的程度。知识流过程中的学习、分析、模仿、再生和技术变革构成提升组织绩效和强化竞争优势的主要组件，任何一项都会涉及适应性，需要在探索与利用之间精细权衡。不同的理论对权衡过程有不同的假设基础。在营销战略理论中，就转化为企业的市场导向间的选择问题，到底是选择反应型还是先动型的市场导向的权衡问题。总之，恰当地平衡非常困难，同样的一个问题会发生在多个不同的层面——个体、组织和社会系统。整个过程反映了对探索性和利用性二元性的权衡。

笔者的研究从后发企业吸收能力中抽出对知识流作用的行为倾向，反过来映射到对二者的权衡，这是对组织二元性的一个补充。最近组织二元性研究发现组织可以同时完成利用现有能力和探索新的创新机会，为了弥补“后动劣势”，新兴市场的跨国企业的战略行为有动力构建和平衡这种二元性。但问题的难点在于二元性的维度具体化，笔者通过反应型市场导向和先动型市场导向的区分，以及权衡过程的刻画使得二元性的维度具体化。而且在实证研究中也一定程度上验证了后发企业既倾向于选择反应型市场导向，也有对先动型市场导向表现出一定程度的选择倾向。

7.1.4 对市场导向理论的贡献

市场导向作为营销战略的重要思想和实践指导，一经提出就引起了学者们的普遍关注。大量的研究都支持市场导向与组织绩效间的积极作用，比如，已经有实证研究验证了其有助于企业提高企业利润、有助于企业促进销售量增加、有助于改善新产品成功率。但是同时很多学者也对此表示批评甚至反对。他们认为市场导向使企业管理者过于近视，只过分关注现有顾客及其需求，通过现有顾客的眼睛来看待市场，从而使得企业的服务变得越来越狭窄。同时，市场导向对企业创新没有积极的作用。领先企业之所以会丧失掉其领导地位，就是因为领先企业过度地倾听顾客的意见，从而使得企业没有注意到新技术或者新市场的变化。

面对种种这样的质疑，Narver 等人对市场导向的种种质疑提出了自己的见解。针对市场导向对创新未产生积极影响，甚至使企业丧失领导地位的原因就是由于多数研究者对市场导向的理解不全面和不准确。为了更好地理解和认识市场导向，他将市场导向分为两种类型，分别是反应型市场导向和先动型市场导向。而反应型市场导向主要是顾客现有的明确的需求，先动型市场导向针对的是顾客未意识到的潜在需求。

我国目前处于转型经济时期，后发企业面临的市场环境瞬息万变，企业内部组织和外部环境特征都共同影响企业对反应型市场导向和先动型市场导向行为倾向。基于此，笔者将“双向资源依赖”下的后发企业放入领先企业、顾客、竞争对手、后发企业四个层面的情景下，研究后发企业管理者对反应型市场导向和先动型市场导向的不同倾向。

通过研究，笔者发现在后发企业中并不是单纯地关注现有顾客的可清晰表达的需求，同时也有对顾客潜在需求的关注倾向，也就是同时实行反应型市场导向和先动型市场导向。从外部环境特征来看，研究发现后发企业管理者选择反应型市场导向的行为倾向与顾客有效反馈需求的程度、顾客对新技术的需求强度和顾客与后发企业讨价还价的能力呈正相关。同时，当顾客与后发企业关系越紧密时，后发企业对反应型市场导向的偏好会减弱。当跨国技术领先企业对潜在市场的渗透度越高时，技术领先企业对潜在市场的开发及投入越高，对于后发企业，其技术和管理技能处于劣势，现有资源限制了后发企业对潜在市场的投入与关注，因而更倾向于选择反应型市场导向，以加强对现有市场的控制，而不会选择在潜在市场上与跨国技术领先企业进行竞争，因而不会选择先动型市场导向。

从企业内部组织来看，当后发企业研发能力较弱时，后发企业管理者倾向于选择反应型市场导向。后发企业研发能力较强时，后发企业管理者倾向于选择先动型市场导向。当后发企业响应市场的能力较强时，后发企业管理者倾向于选择反应型市场导向。后发企业创造需求的能力对后发企业管理者选择两种类型的市场导向都呈正相关关系，但是当后发企业创造需求的能力越强时，后发企业不一定表现出对先动型市场导向更大的偏好。对于后发企业而言，规模更大的后发企业更偏好于对现有市场上顾客需求的满足，更倾向于选择反应型市场导向。

本书的研究根植于转型经济中，研究的是后发企业的市场导向问题，丰富了以往更多针对发达经济的市场导向问题的研究。对市场导向理论提供了更多的事实依据，特别是对转型经济下中国企业的实证研究，更加丰富了这一理论。

7.1.5 打开了后发企业进入顾客锁定的黑箱

后发企业面临外部的“双向资源依赖”结构：技术上受制于国外技术领先企业的技术传递或者输入，市场上受困于国内本土顾客，并与二者产生了紧密的联系。特别是后发企业深处买方市场，满足顾客的需求就是企业的使命，企业慢慢丧失掉思考和积累的过程，就是不断地在价值循环体系中周而复地转圈。一旦顾客需求发生变化，后发企业很容易进入协同演进的“顾客锁定”。笔者通过对后发企业进入“顾客锁定”的过程进行剖析，探究后发企业与顾客交互关系的演化过程。

在开放条件下，市场反馈的需求能够直接从外部获取技术从而得到满足，价值实现与需求捕捉之间的时间间隔被有效地拉近了，企业可以在短时间内满足顾客需求新的变化。所以，在开放条件下后发企业的外部对技术和市场的“双向”依赖关系给封闭的“价值-能力”循环带来某些替代途径影响其过程。这种影响作用是一个“推动”与“阻碍”并存的关系。一方面，引进的外部技术领先企业拥有剩余的技术资源不能被充分利用。后发企业在市场上具有相对优势，它们需要从外部获取和利用技术，技术引进过程构建了顾客反馈同内部质量实现之间的替代途径，稳定的顾客关系形成了维持顾客满意的通道，它们共同推动了价值循环过程。另一方面，双边替代渠道的建立缓解了后发企业来自技术创新和顾客关系上的压力，也分散了企业“能力补缺”的动力。直接的资源配置和质量实现会受到来自现有顾客的压力，甚至是“顾客胁迫”，过分关注现有的、已知的顾客需求削弱了后发企业的创新能力，直接引致企业对市场的强依赖关系。

在市场波动影响下，当“价值-能力”双循环在开放条件下建立的“顾客依赖”替代途径成为强影响时，它就会阻断后发企业“顾客反馈”与“质量交付”之间的内在联系，进一步削弱“需求输入”与“内部实现”之间的交互过程，来自顾客需求爆发增长的需求反馈会加快后发企业进入顾客锁定。企业能力导致组织在振荡环境中表现出惰性，外部技术的输入变成为企业快速填充“能力补缺”过程的习惯性行为，重新配置和演变成为超惯例。

后发企业陷入顾客锁定的过程可以自然联系到 Burgelman 关于“协同演进锁定”困境的论述：一个正的、不断强化的反馈过程，它把一个公司已有的战略成功同已有“产品-市场”环境不断地紧密连接在一块，导致很难改变现有的、固定的战略方向。这也从另一个角度阐明了后发企业在与顾客交互关系的演化进程中的战略倾向性选择与过程逻辑。

7.1.6 提出了后发企业实现能力赶超的过程

虽然后发企业在与顾客交互关系中会习惯性地陷入“顾客锁定”困境中，但是通过对典型企业的分析揭示出后发企业已经有实现能力赶超的可能性。在反应型和先动型市场导向双驱动下，企业原有的基于顾客显性需求的“价值-能力”循环系统仍然正常运转，同时企业内部还存在由企业自身驱动顾客潜在需求的另一个“价值-能力”循环系统。虽然存在顾客需求的替代通道，但是由于顾客潜在需求需要企业从与顾客的亲密联系中不断挖掘，那么不管顾客压力有多大，企业都会不自觉地在质量交付后进行顾客反馈，以期获取顾客潜在需求。顾客潜在需求的价值传递通道增强了企业能力补缺过程中“顾客反馈”直接作用于“质量交付”，进一步促进企业产品的交付能力和服务能力；同时，顾客需求（显性需求）让质量交付更容易转化和激发新的需求，使得顾客更愿意主动与企业进行互动，让更多的需求变成协议和订单，不断拓展内部质量实现的输入。

7.2 管 理 意 义

我国目前正处于社会的转型中，面对这样的环境，我国企业的经营理念和经营模式也随着环境的改变在积极改变。我国企业越来越重视学习西方先进的管理经典理论，市场导向就对我国企业的影响越来越大，并受到热捧。买方市场下企业受到巨大的顾客压力，企业不得不在生存和发展之间做出抉择。两种类型的市场导向就成为企业不得不面对的现实抉择。对后发企业的市场导向选择的实证研究，不仅对西方国家的市场导向理论进行了丰富和发展，同时对企业来说也具有指导作用。企业通过相应的测试量表，可以了解到企业通过影响哪些原因变量，可以促使企业的市场导向行为沿着企业期望的响应维度发展变化，并且指导企业将有限的资源应用到市场导向的相应环节上，从而指导企业战略的制定。

7.3 研究不足和展望

笔者主要是在“双向资源依赖”的情景下对后发企业管理者市场导向选择行为倾向的研究，从研究结果来看，笔者所设计的研究情景依然存在改进的空间，因而，对研究情景设计的进一步完善以更真实地再现后发企业管理的行为选择，就成为笔者未来研究的方向。同时，研究情景中的决策因素主要通过文献研究、管理者访谈等方式筛选、提炼，但对于是否还有其他因素会对后发企业管理者的市场导向行为选择产生显著影响，仍需进一步的研究。

在研究后发企业市场导向行为倾向时有一个潜在的研究样本局限，可能限制了研究结果的普适性。主要的原因是样本数量的限制，但是笔者的研究样本覆盖了多个行业，具有一定的代表性。未来的研究主要是面向大样本的采集，同时扩大对更广行业领域的考察，以使笔者的研究结果更具普适性。同时，在笔者的研究中，笔者是集中考察新兴市场中的后发企业管理者在一定情景下的市场导向选择行为倾向，并未区分行业的影响。对不同行业背景下后发企业管理者是否也会对市场导向的选择表现出一定的倾向或偏好可能成为笔者未来的研究方向。

另外，未来笔者的研究还需要从以下几个方面深化：第一，本书在刻画后发企业所处的环境，仅仅考虑了领先企业、顾客、竞争对手三个层面为代表的外部情景的调节作用，企业的一些外部环境并没有涉及，如政策、经济环境等外部情境因素。同时，对企业自身的内部情境因素也仅仅考虑了企业研发能力、企业响应市场的能力、企业引导、创造需求的能力、企业对提升顾客满意度的重视程度几个因素，除此之外，企业内部还存在一些因素会促使企业做出不同的市场导向选择，比如，企业家精神、企业文化等因素。第二，虽然本书分别通过纵向研究和案例研究阐明了后发企业与顾客交互作用的演化过程，但是不管是数据的获取还是案例的选择，都受到实际条件的限制，事件数据分析方法也有待改进和完善，从更多案例中印证一般性规律都是笔者下一步要做的工作。

参考文献

[1] S F Slater, J C Narver. Does competitive environment moderate the market orientation performance relationship?[J]. Journal of Marketing, 1994, 58(1): 46-55.

[2] J C Narver, S F Slater.The effect of a market orientation on business profitability[J]. Journal of marketing, 1990, 54(4): 20-35.

[3] T Veblen. Imperial Germany and the Industrial Revolution[M]. New York: Macmillan, 1915.

[4] A Gerschenkron. Economic Backwardness in Historical Perspective[M]. Cambridge: Belknap Press, 1962.

[5] R R Nelson. The source of economic growth[M]. Cambridge: Harvard University Press, 1996.

[6] M J Levy. Modernization: Latercomers and Survivors[J]. New York: Basic Books, 1972.

[7] 南亮进. 日本的经济发展[M]. 景文学，夏占友，译. 北京：对外贸易教育出版社，1989.

[8] L Kim. Imitation to Innovation: The Dynamics of Korea's Technological Learning[M]. Mass: Harvard Business School Press, 1997.

[9] 吴晓波. 二次创新的进化过程[J]. 科研管理，1995，16（2）：27-35.

[10] 康荣平，柯银斌. 赶超之道——后发企业成长的战略地图[J]. 北大商业评论，2005（10）：8.

[11] M Hobday. East Asian Latecomer Firms: Learning the Technology of Electronics[J]. World Development, 1995a, 23(7): 1171-1193.

[12] 周莉珠. 后发优势与企业发展[D]. 上海：复旦大学，2003.

[13] 江积海. 后发企业动态能力演化路径及其机制研究：韩国三星电子DRAM 产业的案例研究[J]. 管理评论，2005（9）：38-42.

[14] S Lall. Technological capabilities and industrialization[J]. World Development, 1992, 20(2): 165-186.

[15] M Hobday. Firm-level Innovation Models: Perspectives on Research in Developed and Developing Countries[J]. Technology Analysis & Strategic Management,

2005, 17(2): 121-146.

[16] W M Cohen, D A Levinthal. Absorptive Capacity: a New Perspective on Learningand Innovation[J]. Administrative Science Quarterly, 1990 (35): 128-152.

[17] C M Christensen. The Innovator's dilemma. When New Technologies Cause Great to Fail[M]. Boston MA: Harvard business School Press, 1997.

[18] P Thomond, T Herzberg, F Lettice. Disruptive innovation: Removingthe innovators' dilemma[C]. Harrogate, UK, Knowledge into Practice British Academy of Management Annual Conference, 2003.

[19] C M Christensen, M W Johnson, D K Rigby. Foundations for Growth: How to Identify and Build Disruptive New Businesses[J]. MIT Sloan Management Review, 2002, 43(3): 22-31.

[20] Q Mu, K Lee. Knowledge diffusion, market segmentation and technological catch-up: The case of the telecommunication industry in China[J]. Researeh Policy, 2005, 34(6): 759-783.

[21] L R King. The Marketing Concept. In science in marketing[M]. G Schwartz, ed. New York: John Wiley and Sons, 1965.

[22] C P McNamara. The present status of the marketing concept[J]. The Journal of Marketing, 1972, 36(1): 50-57.

[23] B P Shapiro. What the hell is market oriented[J]. Havard Business Review, 1988, 66(6): 119-125.

[24] R Deshpande, J U Farley. Corporate culture, customer orientation, and innovativeness in Japanese firms:a quadrad analysis[J]. Journal of marketing, 1993, 57: 23-27.

[25] B J Jaworski, A K Kohli. Market orientation: review, refinement and road-map[J]. Journal of Market-Focused Management, 1996, 1: 119-135.

[26] S L Hart. An integrative framework for strategy-making processes[J]. Academy of Management Review, 1992 (17): 327-351

[27] G S Day. The capabilities of market-driven organizations[J]. Journal of Marketing, 1994, 58(6): 37-52.

[28] C Homburg, C Pflesser. A Multiple-Layer Model of Market-Oriented Organizational Cultuer: Measuerment Issues and Performance Outocmes[J]. Journal of Marketing research, 2000, 37(4): 449-462.

[29] M Porter. Competitive Advantage: Creating and Sustaining Superior

Performance[M]. New York: Free Press, 1985.

[30] C. M Christensen, J L Bower. Customer Power, Strategic Investment, and the Failure of Leading Firms[J]. Strategic Manag ement Journal, 1996, 17(3): 197-218.

[31] J C Narver, S F Slater, D L MacLachlan. Responsive and Proactive Market Orientation and New-Product Success[J]. Journal of Product Innovation Management, 2004, 21(5): 334-347.

[32] L Raymond, J St-Pierre. Customer dependency in manufacturing SMEs: implications for R&D and performance[J]. Journal of small business and enterprise development, 2004, 11(1): 23-33.

[33] C P Blocker, T J Flint, M B Myers, ET al. Proactive customer orientation and its role for creating customer value in global markets[J]. Journal of the Academy of Marketing Science, 2011 (39): 216-233.

[34] G S Day, R Wensley. Assessing Advantage: A Framework for Diagnosing Competitive Superiority[J]. Journal of Marketing, 1988, 52(2): 1-20.

[35] T Connor. Customer-led and market-oriented: a matter of balance[J]. Strategic Management Journal, 1999, 20(12): 1157-1163.

[36] S F Slater, J C Narver. Market-oriented is more than being customer-led[J]. Strategic Management Journal, 1999, 20(12): 1165-1168.

[37] D J Ketchen, G T M Hult, S F Slater. Toward greater understanding of market orientation and the resource based view[J]. Strategic Management Journal, 2007, 28(9): 961-964.

[38] K Atuahene-Gima, S F Slater, E M Olson. The Contingent Value of Responsive and Proactive Market Orientations for New Product Program Performance [J]. Journal of Product Innovation Management, 2005, 22(6): 464-482.

[39] S F Slater, J J Mohr. Successful Development and Commercialization of Technological Innovation: Insights Based on Strategy Type[J]. Journal of Product Innovation Management, 2006, 23(1): 26-33.

[40] K H Tsai, C Chou, J H Kuo. The curvilinear relationships between responsive and proactive market orientations and new product performance: A contingent link [J]. Industrial Marketing Management, 2008, 37(8): 884-894.

[41] 谢洪明. 市场导向、组织学习与组织绩效的关系研究[J]. 科学学研究，2005，23（4）：517-524.

[42] 谢洪明，刘常勇，陈春辉. 市场导向与组织绩效的关系：组织学习与创新的影响——珠三角地区企业的实证研究[J]. 管理世界，2006（2）：80-94.

[43] D Herhausen. Understanding Proactive Customer Orientation：Construct Development and Managerial Implications[M]. Gabler: Verlag, 2011: 14-18.

[44] P R Lamore, B Berkowitz, P A Farrington. Proactive/Responsive Market Orientation and Marketing—Research and Development Integration[J]. Journal of Product Innovation Management, 2013, 31(4): 695-711.

[45] P R Lamore, D Berkowitz, P Farrington. Antecedents of proactive and responsive market orientation[J]. International Journal of Sustainable Strategic Management, 2013, 4(1): 2-23.

[46] S F Slate, J C Narver. Competitive strategy in the market-focused business [J]. Journal of Market-Focused Management, 1996, 1(2): 159-174.

[47] A Ledwith, M O'Dwyer. Market orientation, NPD performance, and organizational performance in small firms[J]. Journal of Product Innovation Management, 2009, 26(6): 652-661.

[48] 程聪，谢洪明. 市场导向与组织绩效：一项元分析的检验[J]. 南开管理评论，2013，16（6）：38-46.

[49] 伍勇，梁巧转，魏泽龙. 双元技术创新与市场导向对企业绩效的影响研究：破坏性创新视角[J]. 科学学与科学技术管理，2013，34（6）：140-151.

[50] R.E Morgan , P Berthon. Market Orientation, Generative Learning, Innovation Strategy and Business Performance Inter-Relationships in Bioscience Firms[J]. Journal of Management Studies, 2008, 45(8): 1329-1353.

[51] A Grinstein. The effect of market orientation and its components on innovation consequences: a meta-analysis[J]. Journal of the Academy of Marketing Science, 2008, 36(2): 166-173.

[52] C R Li, C J Lin. The nature of market orientation and the ambidexterity of innovations[J]. Management Decision, 2008, 46(7): 1002-1026.

[53] 张婧，段艳玲. 市场导向均衡对制造型企业产品创新绩效影响的实证研究[J]. 管理世界，2010（12）：119-130.

[54] 张婧，赵紫锟. 反应型和先动型市场导向对产品创新和经营绩效的影响研究[J]. 管理学报，2011，8（9）：1378-1386.

[55] 王龙伟，李垣. 市场导向对企业突变性产品创新影响的实证研究[J]. 科学学研究，2010，28（6）：934-940.

[56] 张婧，段艳玲. 市场导向对创新类型和产品创新绩效的影响[J]. 科研管理，2011，32（5）：68-77.

[57] V Kumar, E Jones, R Venkatesan , et al. Is Market Orientation a Source of Sustainable Competitive Advantage or Simply the Cost of Competing?[J]. Journal of marketing, 2011, 75(1): 16-30.

[58] 于洪彦，银成钺. 市场导向、创新与企业表现的关系——基于中国服务业的实证研究[J]. 南开管理评论，2006，9（3）：10-15.

[59] 安蒂思·彭罗斯. 企业成长理论[M]. 赵晓，译. 上海：上海人民出版社，2007.

[60] S A Lippman, R P Rumelt. Uncertain Imitability: An Analysis of Interfirm Differences in Efficiency under Competition[J]. The Bell Journal of Economics, 1982, 13(2): 418-438.

[61] B A Wernerfelt. Resource—based view of the firm[J]. Strategic Managent Journal, 1984, 5(2): 171-180.

[62] J B Barney. How a firm's capabilities affect boundary decisions[J]. Sloan Management Review, 1999, 40(1): 19-32.

[63] D J Collis, C A Montgomery. CorporateStrategy: Resources and the Scope of the Firm[M]. Irwin: McGraw-Hill, 1997.

[64] G Szulanski. Exploring internal stickiness: impediments to the transfer of best practice within the firm[J]. Strategic mangement Journal, 1996 (17): 27-43.

[65] C K Prahald, G Hamel. The core competence of the corporation[J]. Harvard Business Review, 1990, 68(3): 79-91.

[66] M Javidan. Core competence: what does it mean in Practice?[J]. Long Range Planning, 1998, 31(1): 60-71.

[67] D J Teece, G Pisano, A Shune. Dynamic Capabilities and Strategic Management[J]. Strategic Management Journal, 1997, 18(7): 509-530.

[68] D A Griffith, M G Harvey. A Resource Perspective of Global Dynamic Capabilities[J]. Journal of International Business Studies, 2001, 32(3): 597-606.

[69] H W Volberda, C Baden-Fuller, F A J Van Den Bosch. Mastering strategic renewal: mobilizing renewal journeys in multi-unit firms[J]. Long Range Planning, 2001, 34(2): 158-179.

[70] S G Winter. Understanding dynamic capabilities[J]. Strategic Managementa Journal, 2003, 24: 991-995.

[71] K M Eisenhardt, J A Martin. Dynamic capabilities: what are they?[J]. Strategic Management Journal, 2000, 21: 1105-1121.

[72] R Gulati, M Sytch. Dependence asymmetry and joint dependence in interorganizational relationships: Effects of embeddedness on a manufacturer's performance in procurement relationships[J]. Administrative Science Quarterly, 2007, 52: 32-69.

[73] P G Gayle. Market concentration and innovation: New empirical evidence on the Schumpeterian hypothesis. Boulder, US: Center for Economic Analysis, University of Colorado, Working Paper, 2001: 1-34.

[74] W M Cohen, D A Levinthal. Absorptive capacity: A new perspective on learning and innovation[J]. Administrative Science Quarterly, 1990, 35(1): 128-152.

[75] M W Cohen, D A Levinthal. Innovation and learning: The two faces of R&D[J]. Economic Journal, 1989, 99: 569-596.

[76] F A J Van den Bosch, H W Volberda, M De Boer. Coevolution of firm absorptive capacity and knowledge environment: Organizational forms and combinative capabilities[J]. Organization Science, 1999, 10: 551-568.

[77] P J Lane, B R Koka, S Pathak. The reification of absorptive capacity: A critical review and rejuventation of the construct[J]. Academy of Management Review, 2006, 31: 833-863.

[78] S A Zahra, G George. Absorptive capacity: A review, reconceptualization and extension[J]. Academy of Management Review, 2002, 27: 185-203.

[79] J B Barney, E Zajac. Competitive Organizational Behavior: Toward an Organizationally-Based Theory of Competitive Advantage[J]. Strategic Management Journal, 1994, 15: 5-10.

[80] I Cockburn, R Henderson, S Stern. Untangling the Origins of Competitive Advantage[J]. Strategic Management Journal, 2000, 21: 1123-1145.

[81] K M York. Defining Sexual Harassment in Workplaces: A Policy-Capturing Approach[J]. Academy of Management Journal, 1989, 32(4): 830-850.

[82] B B Tyler, H K Steensma. The effects of executives' experiences and perceptions on their assessment of potential technological alliances[J]. Strategic Management Journal, 1998, 19(10): 939-965.

[83] 杨振华. 后发企业管理者技术获取行为偏好研究[D]. 成都：电子科技大学，2013.

[84] P D Sherer, D P Schwab, H G Heneman. Managerial Salary-Raise Decisions: A Policy-Capturing Approach[J]. Personnel Psychology, 1987, 40(1): 27-38.

[85] M A Hitt, S H Barr. Managerial selection decision models: Examination of configural cue processing[J]. Journal of Applied Psychology, 1989, 74(1): 53-61.

[86] E Yuchtman, S E Seashore. A system resource approach to organizational effectiveness[J]. American sociological review, 1967, 32(6): 891-903.

[87] R M Steers. Problems in the measurement of organizational effectiveness [J]. Administrative Science Quarterly, 1975, 20(4): 546-558.

[88] G E Greenley. Forms of market orientation in UK companies[J]. Journal of Management Studies, 1995, 32(1): 47–66.

[89] A M Pelham, D T Wilson. A Longitudinal Study of the Impact of Market Structure, Firm Structure, Strategy, and Market Orientation Culture on Dimension of Small-Firm Performance[J]. Journal of the Academy of Marketing Science, 1996, 24: 27-43.

[90] S Deng, J Dart. Measuring Market Orientation: A Multi-factor, Multi-item Approach[J]. Journal of Marketing Management, 1994, 10: 725-742.

[91] K Atuahene-Gima. Market Orientation and Innovation[J]. Journal of Business Research, 1996, 35: 93-103.

[92] S Bonaccio, R S Dalal. Evaluating advisors: A policy-capturing study under conditions of complete and missing information[J]. Journal of Behavioral Decision Making, 2010, 23(3): 227-249.

[93] J J Reuer, T W Tong, B B Tyler, et al. Executive preferences for governance modes and exchange partners: An information economics perspective[J]. Strategic Management Journal, 2013, 34(9): 1104–1122.

[94] G N Stock, N P Greis, W A Fischer. Absorptive capacity and new product development[J]. Journal of High Technology Management Research, 2001, 12: 77-91.

[95] 杜义飞. 衍生企业组织演化：驱动与约束的权衡——来自企业纵向事件抽取与趋势分析. 南开管理评论，2011（4）：42-49.

附　　录

一、个人层面

1. 您的姓名：____________________

2. 您大学阶段所学的专业是：____________________________

3. 您的从业年限是（　　）。

A. 1 年以下　　B. 1～3 年　　C. 3～5 年

D. 5～10 年　　E. 10 年以上

4. 您曾经从事过的职位有哪些：________________________________

____

5. 目前您在公司所属的部门（　　）。

A. 技术部门　　B. 市场销售部门　　C. 人力资源部门

D. 财务部门　　E. 行政部门　　F. 决策部门

G. 其他部门

6. 您曾经参与过顾客需求分析行为（　　）。

A. 没有　　B. 较少　　C. 一般

D. 较多　　E. 非常多

二、企业层面

1. 企业员工数量（　　）。

A. 20 人以下　　B. 20～50 人　　C. 50～99 人

D. 100～299 人　　E. 300～499 人　　F. 500～999 人

G. 1000 人以上

2. 企业的年龄（　　）。

A. 3 个月以下　　B. 3～6 个月　　C. 6 个月至 1 年

D. 1～3 年　　E. 3～5 年　　F. 5～10 年

G. 10 年以上

3. 企业主动获取顾客需求行为（　　）。

A. 没有　　B. 较少　　C. 一般

D. 较多　　　　E. 非常多

4. 企业自主研发的能力（　　）。

A. 极弱　　　　B. 较弱　　　　C. 一般

D. 较强　　　　E. 非常强

5. 企业所占的市场份额（　　）。

A. 极小　　　　B. 较小　　　　C. 一般

D. 较大　　　　E. 很大

6. 企业所属的行业是：________________________

7. 行业中的竞争程度（　　）。

A. 极低　　　　B. 较低　　　　C. 一般

D. 较高　　　　E. 很高

8. 企业在行业中的影响力（　　）。

A. 极小　　　　B. 较小　　　　C. 一般

D. 较大　　　　E. 很大

情景

	情景因素	很低	较低	一般	较高	很高
领先企业层面	1. 跨国技术领先企业对现有市场的控制度			√		
	2. 跨国技术领先企业对潜在市场的渗透度				√	
	3. 跨国技术领先企业与后发企业的紧密程度			√		
顾客层面	4. 顾客对自身需求能清晰描述的程度			√		
	5. 顾客有效反馈需求的程度		√			
	6. 顾客对新技术的需求强度		√			
	7. 顾客与企业间讨价还价的能力		√			
	8. 顾客与企业之间关系的紧密程度			√		
竞争对手层面	9. 竞争对手对市场的控制程度		√			
	10. 竞争对手争夺顾客的激烈程度	√				
企业自身层面	11. 企业的研发能力		√			
	12. 企业响应市场的能力		√			
	13. 企业引导、创造需求的能力		√			
	14. 企业对提升顾客满意度的重视程度	√				

9. 基于上述信息和您的知识以及经验，下面两种市场导向对您的吸引力如何：

		1	2	3	4	5	6	7	
（1）反应型市场导向：	很低	□	□	□	□	□	□	□	很高
（2）先动型市场导向：	很低	□	□	□	□	□	□	□	很高

10. 如果您拥有独立决策的权利，您会选择以下两种市场导向的可能性如何：

		1	2	3	4	5	6	7	
（1）反应型市场导向：	很低	□	□	□	□	□	□	□	很高
（2）先动型市场导向：	很低	□	□	□	□	□	□	□	很高